UNIVERSITATEA "OVIDIUS" CONSTANŢA

FACULTATEA DE DREPT, ŞTIINŢE ADMINISTRATIVE ŞI SOCIOLOGIE

SPECIALIZAREA: DREPT

CAMPANIA ELECTORALĂ

COORDONATOR ŞTIINŢIFIC,

Conf. Univ. Dr. George Şerban

ABSOLVENT

Moldovanu I. Cristian Carsium

CONSTANŢA, 2012

PLANUL LUCRĂRII

LISTĂ ABREVIERI

AEP	Autoritatea Electorală Permanentă
CLC	Consiliu Local Comunal
CLM	Consiliu Local Municipal
CJC	Consiliu Judeţean Constanţa
BPD	Blocul Partidelor Democratice
USL	Uniunea Social Liberală
PSD	Partidul Social Democrat
PNL	Partidul Naţional Liberal
PDL	Partidul Democrat Liberal
ApC	Alianţa pentru Constanţa
PNŢCD	Partidul Naţional Tărănesc Creştin şi Democrat
UNPR	Uniunea Naţională pentru Progrsul României
PER	Partidul Ecologist Român
ISJ	Inspectoratul Şcolar Judeţean
PE	Parlamentul European
PD	Partidul Democrat
PCR	Partidul Comunist Român
UDMR	Uniunea Democrată a Maghiarilor din România
OSIM	Oficiul de Stat pentru Invenţii şi Mărci
SCJU	Spitalul Clinic Judeţean de Urgenţă
PP-DD	Partidul Poporului – Dan Diaconescu

ARGUMENT

În primul doresc să precizez că majoritatea informaţiilor cuprinse în această lucrare sunt rodul observaţiilor proprii din perioada 2004 – 2012 când sub o formă sau alta am fost implicat în toate alegerile şi referendumurile organizate în judeţul Constanţa. Lipsa notelor de subsol din zone ample ale lucrării înseamnă că respectivele capitole sau subcapitole sunt o concluzie la ceea ce se întâmplă de fapt în realitate dar nu a fost încă scris (sau cel puţin eu nu am găsit scris). Este foarte posibil ca aplicabilitatea materialului să fie limitată doar la judeţul Constanţa sau doar într-o anumită zonă a politicii româneşti contemporane, deşi tiparul observat corespunde cu acela folosit în alte epoci, redimensionat bineînţeles conform nivelului tehnologic al perioadei studiate. Spre deosebire de alte studii sau cărţi având ca temă alegerile, campania electorală sau marketingul politic, am urmărit să folosesc în lucrarea mea un limbaj facil, uşor de înţeles şi să exemplific pe cât posibil cu documente anumite situaţii sau stări de lucruri.

CONSIDERENTE ISTORICE

Noţiunea de campanie electorală este asociată procesului electoral, putând presupune în mod rezonabil că prima campanie electorală a avut loc în anul 1831 când pentru prima dată s-a recurs la vot pentru a stabili membri unui organism cu rol deliberativ.

Din punct de vedere al definiţiei, există mai multe curente. Unii autori preferă să preia definiţia dată de legile în vigoare definind campania ca o *perioadă în care competitorii electorali desfăşoară activităţi de propagandă cu scopul de a-i determina pe alegători să îşi exprime voturile în favoarea lor*[1], alţii încercând să introducă elemente de sociologie şi / sau comunicare în definiţie (uneori mult prea pretenţioase) precum *practică politică puternic reglementată de o serie de coduri socio-politice care o legitimează ......*

Definiţia pe care o considerăm cea mai riguroasă şi apropiată de realitate este cea a lui Alfred Bulai: *Campania electorală este o rezultantă activităţilor dezvoltate de actorii politici, de instituţiile media independent sau la cererea acestora, ca şi a acţiunilor sociale dezvoltate la nivelul societăţii civile*[2].

Dacă procesul electoral a fost reglementat de nenumărate ori de-a lungul vremii, studiul atent al legilor respective ne arată că pentru o lungă durată de timp nu a existat nici un articol care să reglementeze modul de desfăşurare a campaniei electorale.

Prima referire la campania electorală o regăsim în anul 1939: *Fotografiile candidaţilor cu numele şi titlurile sau ocupaţiunile lor, aşa cum au fost declarate, însoţite de un scurt apel către alegători, alcătuit din cel mult 100 de cuvinte, vor fi afişate prin îngrijirea magistratului care a primit declaraţiunile, atât la primării, cât şi la localurile de vot. Afişarea va fi egală şi uniformă pentru toţi candidaţii. Orice afişaj, corespondenţă sau propagandă orală pentru alegere este interzisă.*[3]

---

[1] Art. 2.13 din Legea 35/2008 pentru alegerea Camerei Deputaţilor şi Senatului

[2] Alfred Bulai – Mecanismele electorale ale societăţii româneşti (pag. 62) – editura Paideia 1992

[3] Legea electorală pentru Adunarea Deputaţilor şi Senat din 9 mai 1939

Studiind alte legi electorale precum cea din 1884, cea în baza căreia s-au organizat cele mai multe alegeri (15 pentru Cameră şi 13 pentru Senat) constatăm că în nici una, în toată perioada dintre 1864[4] şi 1992 nu regăsim reglementarea campaniei electorale.

Izvoarele vremii ne arată că deşi nereglementată, campania electorală exista, era un instrument deja format pe care politicienii începuseră să îl stăpânească. Excepţia legii din 1939 este deja irelevantă deoarece aceasta a fost aplicată o singură dată, în legea următoare adoptată în anul 1946[5] nemaiexistând nici o referire.

Făcându-ne datoria şi examinând perioada regimului totalitar comunist, constatăm că nici în legile aferente nu regăsim nici o referire la reglementarea campaniei electorale.

Primele reguli apar în anul 1992 când în *Legea nr. 68 din 15 iulie pentru alegerea Camerei Deputatilor si a Senatului* campaniei electorale i se alocă întreg capitolul 7 (articolele 44 – 48) şi vor fi reluate cu diverse modificări în legile următoare.

[4] Legea electorală din 2/19 iulie 1864

[5] Legea nr. 560 din 13 iulie 1946 privitor la alegerile pentru Camera Deputaţilor

Capitolul 1

Clasificarea campaniilor electorale

Clasificarea campaniilor electorale se poate face după mai multe criterii, plecând de la tipul scrutinului (alegeri sau referendum), tipul de mesaj transmis, până la categoria unităţii administrativ teritoriale pe raza căreia se desfăşoară procesul electoral. Însemnătatea clasificării campaniilor electorale rezultă din diferenţele date de condiţii, scop şi metode.

Clasificare după tipul scrutinului

- Tipul electiv (corespunzător alegerilor): în acest caz, electorul acordă votul unei persoane (cu apartenenţă politică sau independent) sau unei liste de persoane aparţinând unui partid sau alianţe. În acest caz campania electorală se axează pe sublinierea superiorităţii echipei proprii faţă de contracandidaţi, începând cu calitatea persoanelor propuse până la programul de măsuri propus.
- Plebiscitar (cazul referendumului[6]): în acest caz electorul îşi exprimă acordul sau dezacordul cu DA sau NU referitor la o problemă de interes local sau naţional. În marea majoritate a cazurilor referendumul polarizează de fapt forţele politice în jurul unei probleme spinoase pentru colectivitate, una din părţi încercând prin consultarea populară să legitimeze (sau să stopeze) o măsură dorită sau nedorită dar impusă din exterior (Referendumul împotriva desfiinţării judeţului Constanţa organizat în data de 6 noiembrie 2011 este un exemplu de plebiscit organizat şi sprijinit de Consiliul Judeţean Constanţa şi Partidul Social Democrat împotriva intenţiei exprimate public de preşedintele Traian Băsescu şi coaliţia de guvernământ de a proceda la regionalizarea României în anul 2012). În aceste cazuri dezbaterea publică se poartă în jurul unei probleme, părţile implicate arătând şi accentuând până la exagerare avantajele sau dezavantajele măsurii puse în discuţie.

Clasificare după categoria unitatii administrativ teritoriale în care au loc alegerile

- Campanie pentru alegeri locale la termen şi / sau generale: campania are loc în aceeaşi perioadă pe cuprinsul întregii ţări precum şi în zonele din străinătate în

---

[6] Referendumul este reglementat de Legea nr. 3/2000 privind organizarea şi desfăşurarea referendumului

care locuiesc cetăţeni români (excepţie făcând alegerea autorităţilor publice locale, primari, preşedinţi de consilii judeţene, consilieri locali şi judeţeni, caz în care diaspora nu îşi exercită votul). Caracteristica acestor campanii electorale este dată de simultaneitatea dezbaterilor electorale şi posibilitatea influenţării intenţiei de vot a unor mase mari de electori aflaţi în zone îndepărtate geografic sau aflate în circumscripţii diferite prin folosirea unor teme unice general valabile. În aceste cazuri putem observa o exercitare mult mai pregnantă a votului politic în defavoarea votului acordat candidatului. Această caracteristică are două faţete, ea generând rezultate uneori surprinzătoare, candidaţi consideraţi la începutul campaniei electorale ca fiind sigur câştigători sau perdanţi obţinând rezultatul invers scontat datorită acordării votului politic de către alegători (exemplul alegerilor pentru funcţia de primar din 10 iunie 2012 în oraşul Ovidiu judeţul Constanţa în care primarul în funcţie Dumitru Bocai, creditat cu prima şansă a fost sancţionat de alegători în contul aversiunii faţă de guvernările Boc – Ungureanu, în pofida realelor calităţi demonstrate în perioada 2008-2012 cât s-a aflat la conducerea administraţiei oraşului; câştigătorul alegerilor în acest caz a fost candidatul George Scupra, un necunoscut înainte de declanşarea campaniei electorale).

- Campanie pentru alegeri locale parţiale sau generale parţiale[7] (alegeri locale parţiale sau referendumuri locale): în cazul în care au loc alegeri în unităţi administrativ – teritoriale izolate ca urmare a unei încheieri bruşte de mandat (demisie sau deces primar sau preşedinte consiliu judeţean sau parlamentar, dizolvare consiliu local sau judeţean). Deasemeni, este inclus cazul referendumurilor organizate pe plan local. Acest tip de campanie poate beneficia şi el de aportul atitudinii masei electorale faţă de un partid (în general cel aflat la putere) dar într-o măsură mult mai mică. Accentul se pune pe calităţile candidatului sau grupului din care face acesta parte, fiind acordată o mult mai mare atenţie specificului local. Un exemplu în care se intersectează majoritatea caracteristicilor unei campanii este alegerea primarului comunei Bărăganu judeţul Constanţa din data de 1 mai 2011. Conform rezultatelor

[7] Cutuma şi definiţia legală a încetăţenit termenul de „alegeri locale" ca fiind scrutinul pentru alegerea autorităţilor publice locale iar cel de "alegeri generale" ca fiind cel pentru alegerea membrilor Parlamentului României. Alegerile parţiale sunt acele alegeri înainte de termen determinate de necesitatea ocupării unui mandat terminat înainte de termen în mod nefiresc.

obţinute[8], putem observa că sprijinul acordat de Dan Diaconescu candidatului independent Ion Vasilache prin organizarea unui spectacol în comună cu asigurarea transmisiei în direct pe postul de televiziune OTV l-a propulsat pe acesta în mod surprinzător pe locul 2 (189 voturi obţinute) iar "intenţia onorabilă" a candidatei Luminiţa Nicuţ de a pietrui toate uliţele comunei cu piatră adusă într-o veritabilă operaţiune de forţă (26 de basculante de mare tonaj care trebuiau să intre în sat în prima zi de campanie electorală) nu a sensibilizat decât un număr de 89 de alegători. În mod deloc surprinzător, candidatul Titu Neague a obţinut primul loc cu 685 de voturi, oferind terenul necesar amplasării unor solarii ale Consiliului Judeţean Constanţa şi punând astfel de fapt bazele unei forme asociative agricole care a dat speranţa creării unor locuri de muncă în comună.

Clasificare după tipul alegerilor[9] – uninominal sau liste

- Campanie electorală pentru alegeri nominale; acest tip de campanie o regăsim la alegerea primarilor, preşedinţilor de consilii judeţene, a parlamentarilor, europarlamentarilor, preşedintelui României. Putem considera campania pentru alegeri uninominale drept categorie distinctă doar în cazul alegerii parlamentarilor, preşedintelui României şi a alegerilor parţiale pentru primar şi preşedinte de consiliu judeţean datorită faptului că doar în aceste cazuri alegerile nu se suprapun cu votul listelor de partid. Campania pentru alegeri uninominale cunoaşte câteva trăsături distincte: candidatul îşi prezintă calităţile şi expertiza, acestea contând mult mai mult decât apartenenţa la un partid, alianţă sau grup. Deasemeni, acest tip de campanie este afectat într-un mod semnificativ de sumele pe care candidaţii sunt dispuşi să le cheltuie, întâlnind de multe ori persoane cu averi considerabile dar cu nivel de cultură redus, sumele cheltuite influenţând de multe ori pozitiv rezultatul obţinut. Este de remarcat totuşi influenţa mare pe care o are echipa în acest tip de campanie, cazul Mircea Stănescu fiind un exemplu în acest sens. Mircea Stănescu a candidat în anul 2008 pentru un post de parlamentar în judeţul Constanţa şi a

[8] Alegeri parţiale comuna Bărăganu, 01 mai 2011 – 2482 alegători pe liste – prezenţă la vot 66,09% - Rezultate - Titu Neague, PSD – 685 voturi; Ion Vasilache, independent – 189 voturi; Valentin Barbu, PNL – 169 voturi; Luminiţa Nicuţ, PDL – 89 voturi; Ilie Gologan, PNŢCD – 16 voturi

[9] Clasificare conformă cu legislaţia în vigoare la data de 10 iunie 2012

obţinut locul 2 cu un scor de 34,12%, ratând obţinerea mandatului cu doart 0,42%. Un lucru mult mai puţin ştiut (inclusiv de către contracandidaţi) a fost acela că Mircea Stănescu nu a fost prezent în perioada campaniei electorale în judeţul Constanţa (din motive medicale) iar la întâlnirile publice, deşi existau materiale promoţionale cu fotografia acestuia (afişe, pliante, bannere) echipa de campanie a reuşit să creeze totdeauna senzaţia că Mircea Stanescu este prezent[10]
.

- Campanie electorală pentru alegeri pe liste; regăsită la alegerea membrilor consiliilor locale şi judeţene. Având în vedere simultaneitatea alegerilor pentru consilii locale/judeţene şi pentru primari respectiv preşedinţi de consilii judeţene, campania electorală este uşor diferită spre exemplu faţă de cea pentru alegerea primarului în alegeri parţiale, tendinţa fiind de prezentare a unei echipe având în frunte un lider (candidatul la primărie sau consiliu judeţean) care "trage" după el scorul echipei, rolul fiecărui candidat de pe listă fiind de a exploata la maximum reputaţia pe care o are în domeniul său de activitate sau doar de a finanţa cheltuielile de campanie electorală, după caz.

Clasificare după tipul mandatului

- Campanie electorală pentru alegeri locale (primari, preşedinţi consilii judeţene, consilii locale şi judeţene)
- Campanie electorală pentru alegeri parlamentare (deputaţi şi senatori)
- Campanie electorală pentru alegeri europarlamentare (europarlamentar în Parlamentul European)
- Campanie pentru alegerea preşedintelui României

Clasificare după atitudinea candidatului (tipul mesajului transmis)

- Campanie pozitivă; în această categorie încadrăm atitudinea candidatului care îşi prezintă realizările şi proiectul de viitor, ignorând total contracandidaţii, evitând chiar confruntările publice cu aceştia (exemplu, tipul de campanie abordat de Radu Ştefan Mazăre în campania pentru alegerile locale din 10 iunie

[10] Alegeri generale 30 noiembrie 2008 – Camera Deputaţilor – rezultate Colegiul 5 judeţul Constanţa - Zanfir Iorguş (PD-L) – 34,54%, Mircea Stănescu (PSD) – 34,12%, Ionel Spătaru (PNL) – 11%

2012 în care a refuzat orice confruntare televizată cu contracandidaţii săi, axându-se doar pe finalizări de proiecte majore).

- Campanie negativă; este caracterizată de atacuri împotriva contracandidaţilor, dezvăluiri mai mult sau mai puţin reale despre aceştia, în general lucruri care ar atrage oprobiul public. În general este caracteristică acelui candidat care nu are realizări de prezentat dar nici un program realist. În anumite cazuri, acest tip de campanie derapează în mod periculos prin folosirea tehnicilor de manipulare şi intoxicare. Un asemenea caz extrem a fost întâlnit în campania electorală pentru alegerea primarului municipiului Medgidia, când anterior datei de 7 iunie, un număr considerabil de cetăţeni au primit somaţii false de plată pentru sume începând de la 1000 lei, obţinându-se astfel o stare de iritare a alegătorilor faţă de candidatul Marian Iordache, primar în funcţie[11].
- Campanie echilibrată; deşi denumirea sugerează o campanie electorală idilică, clasificarea se referă la acei candidaţi care îşi prezintă realizările şi proiectele, acceptând confruntările şi limitând pe cât posibil atacurile împotriva contracandidaţilor. Este o categorie mai puţin întâlnită, specifică celor care provin din mediul academic dar nu asigură succesul, mai ales când contracandidatul provine din alt mediu.
- Campanie agresiva. Spre deosebire de campania negativă care se limitează la atacuri verbale şi acuzaţii, termenul de campanie agresiva se referă la utilizarea ameninţărilor şi a intimidărilor la adresa contracandidaţilor, echipei acestora precum şi simpatizanţii lor. Acest tip de comportament este relativ răspândit în istoria electorală romanească şi se regăseşte atât în mediul urban cât şi în cel rural. De cele mai multe ori faptele comise sunt încadrate drept contravenţii dar există şi un numar relativ important de infracţiuni, unele dintre ele rămânând ori nereclamate ori cu autor necunoscut.
- Campanie dusă cu metode aflate în afara legii. Deşi până în anul 2012 frauda electorală săvârşită în perioada campaniei electorale a fost un subiect larg dezbătut dar considerată ca un fenomen izolat (ne referim la mita electorala aşa cum este ea definită de lege), există un precedent care ne îndreptăţeşte să definim această categorie. În campania electorală din anul 2008 pentru alegerea

[11] Anexa 1 – Cazul somaţiilor false emise în numele primăriei municipiului Medgidia – alegeri locale 10 iunie 2012

primarului comunei Cogealac din judeţul Constanţa, candidatul Cati Hristi este acuzat că ar fi dat mită electorală[12] (500 lei fiecărei persoane) unui număr de 1800 de alegători, dintr-un total de 4164 de persoane cu drept de vot, obţinând mandatul de primar din primul tur de scrutin cu 51,03% din total voturi exprimate. În fapt, candidatul Cati Hristu a obţinut un număr de 1573 voturi din 3082 valabil exprimate, de unde putem afirma ca întreaga lui campanie electorală este posibil să se fi bazat exclusiv pe mituirea alegătorilor.

[12] Anexa 2 - Dosarul nr. 1832/P/2010 – Parchetul de pe lângă Tribunalul Constanţa – Ordonanţa procurorului din data de 18 februarie 2011

Capitolul 2
Pregătirea campaniei electorale

Analizarea strictă a campaniei electorale aşa cum este ea definită în legislaţie ar conduce la erori majore dacă nu am ţine cont de etapele preliminare şi de realitatea existentă. Deasemeni, trebuie remarcat ca legislaţia electorală este prin excelenţă una permisivă, dând posibilitatea formaţiunilor politice să găsească metode la limita legii de a-şi mări şansele de câştig. Drept urmare considerăm util să analizăm etapele preliminare deoarece acestea influenţează strategia de campanie precum şi intenţia de vot.

2.1. Stabilirea ţintei în alegerile electorale

Spre deosebire de curente care iau în considerare strategia de campanie electorală în mod punctual (exemplu, strategie pentru alegerile locale din 2012), realitatea ne arată faptul că procesele electorale sunt interdependente. Drept urmare, orice strategie a unei campanii electorale trebuie stabilită cu o proiecţie pentru următoarele campanii (pentru următoarele scrutine) care sunt influenţate de cea pe care o pregătim. Deasemenea, trebuie analizată şi campania precedentă din punct de vedere al promisiunilor făcute şi neonorate sau a oricăror elemente care ar putea să influenţeze campania actuală.

Este unanim recunoscut de analiştii şi liderii politici că rezultatul alegerilor locale sunt un indicator preţios pentru ce va fi să se întâmple la următoarele alegeri parlamentare. După cum urmează să arătăm în capitolele următoare, succesul candidatului la alegerile parlamentare este condiţionat de existenţa primarilor de aceeaşi culoare politică precum şi de disponibilitatea acestora de a se mobiliza la alegerile parlamentare.

Trebuie reţinut că există doua repere avute în considerare: procentajul de primari şi de preşedinţi de consilii judeţene ai unei formaţiuni politice şi procentajul de alegători aflaţi în unităţi administrativ teritoriale conduse de primari ai formaţiunii politice în discuţie.

La nivel macro, ţinta oricărei formaţiuni politice este de a avea o majoritate confortabilă în ambele camere parlamentare, un premier, un guvern şi un preşedinte al statului provenind din rândul său.

La nivel judeţean, orice organizaţie judeţeană urmăreşte situaţia ideală ca cele 3 puteri de la Bucureşti să aparţină formaţiunii proprii.

Coborând spre nivelul local (comune şi orase) constatăm că apare un element în plus şi anume, toate puterile aflate pe paliere superioare să fie din aceeaşi formaţiune cu cea din care face parte puterea locală.

Observăm de fapt că acest raţionament existent pe toate palierele conduce în momentul în care s-ar îndeplini la dictatură, sau în cel mai bun caz la un sistem discreţionar.

În realitate, o derulare corectă a procesului de votare şi validare a rezultatelor sancţionează partidele şi persoanele dispuse la derapaje de la principiile democraţiei, bineînţeles cu excepţiile de rigoare, explicate de sociologie (exemplu, ascensiunea partidelor extremiste în perioade de criză economică). În fapt, schimbările de regim ca urmare a alegerilor parlamentare din 1996 şi 2004 sunt reacţii ale populaţiei în faţa pericolului de creare a partidului stat, cu observaţia că în ultimul caz această reacţie a fost ajutată cu manipulări şi intoxicări.

Pe de altă parte, din vârful piramidei puterii scopul este uşor diferit. O formaţiune politică ce controlează Guvernul şi camerele Parlamentului nu se simte foarte confortabil dacă are o majoritate zdrobitoare în teritoriu, la nivel judeţean şi local. Din punct de vedere statistic, toate guvernele post decembriste au alocat fondurile guvernamentale mai mult sau mai puţin pe criterii politice[13]. Un număr mare de autorităţi locale conduse de formaţiunea politică aflată la putere la Bucureşti înseamnă o cerere mult mai mare de fonduri, implicit riscul de a provoca nemulţumiri în sânul partidului dacă aceste cereri nu sunt satsifăcute. Acesta este motivul pentru care nici o conducere centrală a vreunui partid nu va fi foarte fericită să deţină supremaţia absolută la nivel local. Soluţia existentă pe vremea centralismului socialist nu mai poate fi aplicată datorită dispariţiei sistemului în sine, nemaifiind posibilă crearea unei noi Comisii de Stat pentru Planificare.

Coborând la nivel judeţean, constatăm acelaşi punct de vedere privind disconfortul deţinerii supremaţiei la nivel local, Consiliul Judeţean fiind o structură care poate la rândul său să direcţioneze fonduri către comunităţile locale sau să suporte

[13] Raport intern CJC privind sumele alocate de la Guvern în anul 2006 primăriilor din judeţul Constanţa pe criterii politice

investiţii.

Constatăm de fapt că din punct de vedere strategic o echipă de conducere a unei formaţiuni politice trebuie să găsească un echilibru între cât poate cuceri şi cât poate suporta apoi la guvernare. Deşi pare cinic şi imoral, alegătorul care a votat partidul ajuns la guvernare (locală, judeţeană sau centrală) se aşteaptă la măsuri care să îi aducă bunăstare în primul rând lui, cel care a votat partidul care a ajuns la putere. Lipsa acestor măsuri poate să reprezinte un motiv de reorientare la viitorul scrutin sau de absenteism. Pe de altă parte, cel care a votat partidul aflat in opoziţie ştie (sau cel puţin aşa i se spune şi se va resemna în primă fază) că va avea mult mai puţine beneficii, chiar dacă faptul în sine este scandalos şi imoral.

De principiu, în această analiză prevalează necesitatea stabilităţii guvernării, drept urmare procentul de peste 66% este o ţintă frecventă pe toate palierele.

2.2. Alegerea candidatului

Este unanim recunoscut faptul că alegerea candidatului este primul şi cel mai important pas dintr-o campanie electorală. În fapt, desemnarea candidatului de către organizaţiile de partid reprezintă un element distinctiv al campaniei electorale şi anume, startul precampaniei.

În realitate, în funcţie de palierul pe care ne aflăm (alegeri locale, parlamentare, prezidenţiale), procedura practică diferă de la caz la caz.

Prima situatie analizată este cea a candidaţilor pentru funcţiile de primari ai comunelor şi oraşelor precum şi a parlamentarilor, care poate fi variată după cum urmează.

Partidul respectiv deţine deja funcţia vizată (ex. primar)

Cutuma existentă în perioada post-decembristă ne arată că în majoritatea cazurilor organizaţia de partid îl desemnează candidat pe acelaşi personaj care deţine funcţia sau demnitatea. Raţiunea este dată de faptul că primarul în funcţie se presupune că beneficiază de notorietate şi are un avans faţă de contracandidaţi. Ipoteza de lucru (avansul fată de contracandidaţi) este valabilă doar în cazul în care respectivul primar, deputat, senator a reuşit ca pe parcursul mandatului său să îşi menţină imaginea favorabilă în faţa electoratului. Este de reţinut că notorietatea poate fi şi negativă, aspect care reprezintă de fapt un handicap.

Această regulă nescrisă a desemnării ocupantului actual al funcţiei are şi excepţii determinate uneori de conflicte interne din organizaţiile de partid sau de o prestaţie necorespunzatoare în timpul exercitării mandatului precedent. Dacă primul caz are deobicei o finalitate previzibilă prin demisia *de facto* (nu *de jure*, deoarece demisia *de jure* conduce la pierderea mandatului) a respectivului din partid şi eventuala înscrierea în altă formaţiune politică (exemplul comuna Peştera, judeţul Constanţa, primar PSD în mandatul 2008-2012, cu afinităţi declarate în decursul timpului pentru PDL[14] apoi UNPR, dar sfârşind prin a candida independent în iunie 2012), în cel de-al doilea caz (prestaţie administrativă necorespunzătoare) decizia este mai greu de luat deoarece asemenea măsuri pot genera temeri în rândul membrilor de partid şi eventuale dezertări. În majoritatea cazurilor, formaţiunile politice comandă sondaje de opinie pentru a evalua şansele deţinătorului mandatului în ipoteza unei noi confruntări electorale. După realizarea sondajelor, pe baza datelor obţinute putem avea din nou două ipoteze de lucru: înlocuirea candidatului cu o altă persoană, care are o notorietate acceptabilă, o imagine favorabilă şi şanse de creştere (cazurile primarilor PSD ai comunei Saligny şi oraşului Băneasa, cărora formaţiunea politică nu le-a mai încredinţat mandatul pentru o nouă confruntare electorală în iunie 2012) sau în cazul în care această alternativă lipseşte, reintroducerea respectivului în noua confruntare electorală, acordându-se o atenţie deosebită situaţiei. Acest ultim caz are particularitatea ca pe parcursul campaniei electorale să existe posibilitatea încheierii unei înţelegeri între formaţiunea politică şi un alt candidat, al altei formaţiuni, înţelegere privind o strânsă colaborare ulterioară. Este de remarcat că interdicţia primarilor de a demisiona din formaţiunea politică din partea căreia au candidat, sub sancţiunea pierderii mandatului, nu împiedică aceste aranjamente de culise, ele putând fi menţinute prin voinţa comună a părţilor. Exemplul concludent al acestui caz este mandatul de primar din perioada 2008-2012 din localitatea Tortoman judeţul Constanţa; la alegerile locale din 2008, candidatul PSD, deţinător al funcţiei de primar în perioada 2004-2008, era într-o situaţie deplorabilă din punct de vedere al imaginii şi a intenţiei de vot dar a fost menţinut drept candidat. În paralel, discuţiile au relevat o

[14] Înregistrare video conferinţă de presă ţinută marţi 01 noiembrie 2011 – colecţie MCC

posibilă înţelegere cu contracandidatul din partea PER, mult mai bine plasat în sondaje şi beneficiar al unei imagini impecabile. După caştigarea mandatului de primar, acesta şi-a păstrat calitatea de membru al PER până în luna mai 2012 când a trecut oficial în randurile PSD, candidând din nou de data aceasta sub sigla USL (ca membru PSD) şi câştigând detaşat un nou mandat.

Partidul respectiv nu deţine în momentul alegerilor funcţia vizată

Acest caz impune din partea formaţiunilor politice implicate o analiză atentă a zonei vizate. În cazurile comunelor, persoanele cele mai căutate sunt cele care sunt cele mai bine cunoscute de locuitori şi preferabil cele de pe urma cărora locuitorii au cele mai multe avantaje, precum: fermierii mari şi mijlocii, proprietarii de mici fabrici sau magazine, factorii poştali, etc. După cum se poate observa, elementul ideologic este deja pe un plan secundar sau chiar inexistent. Exista şi cazul în care practic în respectiva comună nu există o filială în adevăratul sens al formaţiunii politice (ex. anul 2012, PSD nu are organizaţii comunale în adevăratul sens al cuvântului în comunele Cogealac, 23 August, Valu lui Traian, etc).

În aceste cazuri lipsa organizaţiei locale combinată cu lipsa unui candidat cu reale şanse în cursa electorala ar conduce la concluzia că este inutil orice efort. În majoritatea cazurilor de acest gen, analiza se face la nivel judeţean datorită particularităţilor alegerilor locale: în aceeaşi zi se votează pe 4 buletine pentru primar, consiliu local, preşedinte de consiliu judeţean şi consiliu judeţean.

În fapt, efortul de a intra în cursa electorală cu un candidat care are şanse minime se încadrează într-o strategie care priveşte obţinerea a cel puţin câtorva locuri în consiliul local şi de a mari numărul de voturi strânse la nivel de judeţ pentru consiliul judeţean. Pe de altă parte, din punct de vedere al comunicării, un mesaj este mult mai bine transmis dacă electoratului i se transmite mesajul că acel grup (adică lista pentru consiliul local) are un lider, are un conducător, existenţa acestuia mărind numarul de voturi obţinute.

După cum se poate observa, în aceste cazuri formaţiunile politice intră în procesul electoral conştiente că nu vor obţine mandatul pe plan local, câştigul fiind adăugat şi contorizat la un nivel superior de organizare administrativă.

În vederea maximizării rezultatelor, formaţiunile procedează uneori la detaşarea anumitor membrii cu notorietate la nivel judeţean şi cu legături personale cu colectivitatea locală (exemplul anul 2012, comuna Cogealac, candidat PSD Petrica Miu, fost inspector ISJ, născut în Cogealac, domiciliul stabilit în Cogealac cu 6 luni înaintea alegerilor).

O soluţie cu şanse mult mai mari o reprezintă atragerea în formaţiunea politică a primarului în funcţie. Această soluţie este mai greu de realizat, ea necesitând anumite condiţii subiective şi obiective şi presupune condiţii impuse de persoana în discuţie. În majoritatea cazurilor, primarul în funcţie impune păstrarea echipei proprii de consilieri în viitorul mandat, împotrivindu-se uneori în acceptarea unor alte persoane, din motive personale sau de grup. Totodată, motivaţia plecării dintr-o formaţiune politică spre alta este legată de promisiunea asigurării sprijinului financiar pentru proiectele derulate pe plan local sau de prăbuşirea partidului propriu (ex. anul 2012, plecarea primarilor PDL din Valu lui Traian, 23 August, Costineşti, etc. spre PNL). Fenomenul este cunoscut sub numele de traseism politic deşi cazurile celebre (parlamentari în general) care au consacrat denumirea nu au legatură cu cele prezentate mai sus, acestea având ca motivaţie neînţelegeri de ordin personal între lideri de partid, înţelegeri secrete, etc.

Urcând pe palierul cazului alegerilor locale la secţiunea "primarul municipiului reşedinţă de judeţ" şi "preşedinte al consiliului judeţean", observăm ca în majoritatea cazurilor desemnarea candidatului este prerogativa exclusivă a organizaţiei judeţene de partid, cu imixtiuni mai mari sau mai mici din partea conducerii centrale de partid, în funcţie de statutul fiecarei formaţiuni politice. În fapt, observăm ca în general liderul judeţean de partid işi asumă participarea la lupta electorala pentru una dintre cele două poziţii, funcţia administrativă ocupată astfel (dacă rezultatul scrutinului îi este favorabil) conferindu-i autoritatea necesară conducerii organizaţiei judeţene a formaţiunii politice.

Tot la secţiunea alegerilor locale trebuie să menţionăm modalitatea întocmirii listelor de candidaţi pentru consiliile locale comunale, oraşeneşti, municipale şi judeţene.

În cazul consiliilor locale comunale, decizia aparţine candidatului la primărie, acesta alegând persoane pe care este convins că le poate controla prin diverse metode pentru obţinerea majorităţii de voturi necesare adoptării diverselor hotărâri de consiliu.

Constatăm cu uşoară ironie că prevederea legală şi teoria care ne spune că primarul este doar un executiv care aduce la îndeplinire deciziile hotărâte de plenul consiliului local este valabilă doar la nivel declarativ. În realitate, proiectele de hotărâri sunt gândite şi redactate în majoritate de peste 90% de primarul in funcţie, acesta prevalându-se în momentul votului şi de calitatea de şef al organizaţiei locale de partid, impunându-şi astfel voinţa.

În cazul listelor pentru consiliile locale orăşeneşti sau municipale, candidaţii pentru funcţia de primar iau în considerare, în plus faţă de cazul precedent, capacitatea financiară a persoanelor, convingerile politice, simpatiile, notorietatea precum şi expertiza fiecăruia. Deja, de la acest nivel, întâlnim tendinţa liderului de a-şi asigura colaboratori în viitorul consiliu care să poată acoperi toate domeniile de interes.

Ultimul nivel, cel al consiliului judeţean, pastrează regulile precedente la care se adaugă două elemente specifice: necesitatea unor persoane cu influenţă în diverse zone ale judeţului (persoane cu investiţii sau afaceri în diverse zone rurale sau oraşe ale judeţului) şi ai unor specialişti sau măcar cunoscători ai zonei rurale (mari fermieri, etc).

Ca o regulă generală, includerea pe listele de consilieri a unor persoane cu notorietate şi cu imagine pozitivă în comunitate creşte procentul de vot favorabil obţinut la liste şi poate uneori îmbunataţi şi rezultatul liderului.

Ca o ultimă remarcă, deşi toate partidele se înscriu sârguincios în tiparul mai sus menţionat de alegere a candidaţilor pentru listele de consilieri, în funcţie de formaţiunea politică şi de specificul local întâlnim aşa numitele filiale elitiste (care promovează doar anumite categorii sociale) sau filialele gen buldozer (care, incercând să controleze cât mai multe categorii sociale, promoveaza exponenţi din majoritatea acestora).

Alegerea candidaţilor pentru Parlamentul României / Parlamentul European

Daca în cazurile precedente criteriul capacităţii financiare şi al calităţilor intelectuale avea o aplicabilitate restrânsă, în cazul candidaţilor pentru Parlamentul Romaniei apar noi probleme. Costul foarte mare al unei campanii electorale de acest gen, (indiferent de tipul votului, nominal sau pe liste) reduce foarte mult opţiunile. Pe de altă parte, calitatea candidaţilor pentru a asigura o construcţie durabilă impune respectarea unuor standarde mult mai înalte. Modalitatea de împărţire a teritoriului în colegii electorale ne arată că majoritatea candidaţilor sunt nevoiţi să obţina voturi concomitent în zone urbane dar şi rurale, de cele mai multe ori situaţia comunităţilor şi nivelul acestora de trai inregistrând diferenţe considerabile.

Această realitate obiectivă impune anumite calităţi candidatului: acesta trebuie să iţi poată modela discursul în funcţie de colectivitatea în care se află la un anumit moment dat, trebuie sa cunoască realităţi din cele mai diferite existente la distanţe fizice foarte mici, etc.

O parte din formaţiunile politice au editat deja Ghiduri de comportament al candidatului şi al echipei acestuia, unele dintre ele fiind redactate de echipe de sociologi, altele fiind în forme mai rudimentare, redactate în regie proprie, ca o sinteză a experienţei proprii.

Ca un element îmbucurător pentru teoreticieni, putem remarca că de la acest nivel apare totuşi şi aplicabilitatea termenului de ideologie. La acest nivel se impune candidatului o anumita conduită, pregătire şi probitate morală dar şi un set de convingeri politice compatibil cu ideologia oficială a formaţiunii politice (măcar atunci când ea există şi practic, nu doar la nivel declarativ).

În marea lor majoritate, candidaţii la mandate parlamentare nu sunt lideri locali ai formaţiunilor politice, deşi există asemenea excepţii (mandatele 2004 - 2008 şi 2008 - 2012 filiala PDL-Olt, lider senatorul Radu Berceanu).

Trebuie remarcat că la acest nivel elementul încrederii dintre organizaţia locală şi candidat prezintă deja alte mize: cantitatea considerabilă de efort a echipei de campanie asigurată în mod uzual de filială precum şi sumele cheltuite în campania electorală sunt văzute ca o investitie de către organizaţia locală. Moneda de schimb cel mai des vehiculată este promovarea în Parlament a unor legi cu influenţă favorabilă comunităţilor locale, introducerea de amendamente la Legea Bugetului de Stat, adresarea de interpelări, etc.

Cu alte cuvinte, chiar dacă parlamentarul nu va veni periodic să se consulte cu alegătorii din colegiul său, în mod categoric va fi nevoit să prezinte un raport periodic în faţa şefului local de partid.

Alegerea candidatului pentru alegerea preşedintelui României

Am lăsat la sfârşit stabilirea candidaţilor la alegerile prezidenţiale, aceasta inscriindu-se într-un tipar mult mai strict cu abaterile de rigoare. Conform istoriei recente, în ultimii 22 de ani liderii unora dintre formaţiunile politice şi-au arogat dreptul de a-şi depune candidatura la preşedenţia Romaniei sau de a impune un anume candidat.

Singurele excepţii notabile au fost în cazul alianţelor (1996, candidat Emil Constantinescu din partea Convenţiei Democratice, anul 2004 -Alianta Dreptate si Adevar, cand PNL a cedat candidatura în favoarea liderului PD şi cel puţin valabil la nivel declarativ până în acest moment, Uniunea Social Liberală, când PSD cedează candidatura în favoarea PNL pentru alegerile din 2013), precum şi cazul partidelor care nu desemnat nici un candidat, sprijinind alte formaţiuni în baza unor protocoale.

Trebuie remarcată şi atitudinea unor formaţiuni politice care, deşi sunt conştiente că nu vor câştiga mandatul de preşedinte al României, din motive de mobilizare a electoratului propriu desemnează de fiecare dată candidat la alegerile prezidenţiale (cazul UDMR).

2.3. Construirea notorietăţii

Majoritatea sondajelor de opinie realizate în scopuri electorale măsoară 2 valori: notorietatea candidatului şi intenţia de vot favorabil acestuia.

Valoarea cantitativă a notorietăţii rezultată dintr-un sondaj de opinie este un element care limitează şansele candidatului de a câştiga alegerile. Spre exemplu, dacă doar 17% din repondenţi ştiu că respectivul candidat există, este cât se poate de logic că intenţia de vot nu va putea depăşi 17%, în ipoteza că toţi aceştia i-ar acorda votul.

Cu alte cuvinte, şansele candidatului sunt dictate în primul rând de notorietate, nivelul acesteia impunând existenţa unei perioade mai mici sau mai mari de campanie timpurie. În majoritatea cazurilor, viitorul candidat uzează de funcţia administrativă pe care o ocupă pentru a câştiga notorietate.

Cel mai recent exemplu este al lui Claudiu Iorga Palaz, prefect al judeţului Constanţa în perioada 2009-2012. Perceput iniţial ca o persoană fără afinităţi politice (mai curând oportunist), din punct de vedere practic putem considera înregimentarea sa politică decisivă ca fiind realizată în perioada campaniei electorale pentru alegerea preşedintelui României din 2009. Dacă momentul 2009, respectiv finanţarea şi sprijinirea campaniei electorale[15] a lui Traian Basescu a sugerat o afinitate faţă de Partidul Democrat Liberal, sfârşitul anului 2010 marchează o schimbare de direcţie spre UNPR (tot partid de guvernământ), punctată de avansarea acestuia de către ministrul Gabriel Oprea la gradul de locotenent colonel în rezervă, în pofida faptului că în tinereţe Palaz nu a efectuat serviciul militar. Decizia de a candida survine undeva în anul 2011 când Palaz înregistrează la OSIM 2 mărci: cea care a fost mult mediatizată de presă, "Claudiu Iorga Palaz – prefect pentru tine"[16], şi o a doua, mai puţin cunoscută, "Claudiu Iorga Palaz – perfect pentru tine"[17] care a fost destinată să fie folosită într-o viitoare campaniei elctorală.

Pasul următor a fost colarea autoturismelor aflate în dotarea Prefecturii Constanţa cu sloganul "Claudiu Iorga Palaz – prefect pentru tine" şi amplasarea pe panouri publicitare din municipiul Constanţa şi din judeţ a unor banere uriaşe cu fotografia şi sloganul sau.

Tot pentru creşterea notorietăţii, Palaz a atacat în contencios administrativ nenumărate hotărâri de consiliu local sau judeţean, de multe ori din raţiuni de oportunitate, depăşindu-şi astfel competenţele legale care îl limitau la verificarea aspectului legal al acestora, mizând astfel pe creşterea notorietăţii sale, generată de scandalurile de presă care apăreau pe marginea acţiunilor sale sau pe reacţia violentă (din punct de vedere mediatic) a adversarilor săi politici.

Observăm de fapt cum un viitor candidat foloseşte poziţia administrativă pe care o ocupă pentru a-şi mări notorietatea, folosind de cele mai multe ori mijloace aflate la limita legii sau chiar interzise dar nepedepsite de lege.

Al doilea caz întalnit este cel al persoanei care deja ocupa postul vizat (primar, preşedinte de consiliu judeţean, parlamentar, etc). În acest caz majoritatea candidaţilor consideră că notorietatea masurată de sondaje este una satisfăcătoare, omiţând faptul că procentajul de notorietate negativă atarnă mult mai greu în etapa obţinerii votului, mai ales dacă va urma o confruntare cu un contracandidat fără istoric administrativ,

---

[15] Monitorul Oficial nr. 203, partea 1, din 31.03.2010

[16] OSIM – marcă înregistrată nr. M2011 03513 din 09.05.2011

[17] OSIM – marcă înregistrată nr. M2011 03098 din 20.04.2011

adică fără măsuri luate în trecut şi sancţionate cu nemulţumirea electoratului.

2.4. Campania timpurie

Campania timpurie este cea începută cu aproximativ 6 luni înaintea alegerilor. Urmareşte consolidarea notorietăţii, decredibilizarea adversarului, estomparea unor slăbiciuni personale, creşterea intenţiei de vot, identificarea categoriilor sociale în cadrul cărora intenţia de vot este scăzută şi schimbarea atitudinii acestora, etc. În majoritatea cazurilor, activitatea candidaţilor cunoaşte o creştere spectaculoasă, se măreşte numărul de apariţii publice şi activitatea sociala, apar teme noi de dezbatere publică, fiecare încercând să atragă atenţia asupra subiectelor care îi avantajează. În cazul candidaţilor care ocupă deja o funcţie administrativă vom observa o multitudine de finalizări de proiecte sau de rezolvări ale unor probleme ale comunităţilor care au fuseseră lăsate neabordate.

În plus faţă de aceste aspecte, partidele politice şi candidaţii cu posibilităţi materiale încep sprijinirea financiară a mijloacelor mass-media existente, sau înfiinţarea unora noi, destinate folosirii acestora drept mijloc de comunicare în viitoarea campanie electorală.

Tot în această perioadă au loc primele manifestari cu caracter electoral şi anume desemnarea candidaţilor la viitoarele alegeri, prezentarea lor în adunări publice, apariţii televizate, etc. Practic putem observa că pe masură ce ne apropiem de momentul oficial de începere a campaniei electorale, activitatea de tip propagandă electorală creste în toate formele permise de lege sau interzise şi nepedepsite.

Cazurile clasice de comportament şi activitate depusă în perioada de precampanie electorală (sau campanie timpurie) sunt determinate de poziţia ocupată de candidat.

Candidatul deţine o funcţie administrativă importantă, dar aceasta este diferită

de cea pusă în joc de procesul electoral

În acest caz, în majoritatea cazurilor viitorul candidat uzează de funcţia administrativă pe care o ocupă pentru a caştiga notorietate. Observatorul atent va sesiza o modificare a modului în care persoana se achită de sarcinile de serviciu, devenind mult mai activ, mai agresiv şi mult mai prezent în mediul public. Exemplul prezentat anterior (Claudiu Iorga Palaz) este tipic pentru acest caz la care mai putem aduce câteva completări precum accelerarea emiterii titlurilor de proprietate, organizarea de întâlniri publice cu locuitorii comunelor pentru înmanarea titlurilor de proprietate, creşterea frecvenţei audienţelor in teritoriu, obicei survenit deasemeni de curand şi neregăsit în urmă cu 2 ani, spre exemplu.

Candidatul nu deţine o funcţie publică sau administrativă care să îi permită o expunere mediatică necesară scopului propus

În acest acest caz candidatul trebuie să fie sprijinit de lideri locali sau centrali cunoscuţi, prin participarea la acţiuni comune. În acest scop liderii locali pun la punct o serie de activităţi aparent de rutină dar cu impact deosebit în rândul comunităţilor vizate. În mod treptat, în anturajul acestora vom începe a sesiza figuri noi, aparent întamplător. După un număr suficient de repetări, memoria vizuală va reţine noul personaj, astfel apărând în mentalul public întrebarea: cine este persoana din dreapta lui X ? Răspunsul va sosi tot treptat, prin intermediul unor materiale de presă, interviuri pe teme total diferite de politică. În paralel, candidatul este obligat sa depună o activitate intensă pentru a-şi cultiva relaţiile, pentru a pătrunde în diverse medii, de a-şi consolida în paralel cu notorietatea şi imaginea favorabilă.

În funcţie de situaţia concretă, candidatul poate provoca atacuri ale principalului competitor împotriva sa, obţinând astfel o creştere bruscă de notorietate datorat scandalului de presă aferent. Aceste acţiuni sunt mai delicate şi necesită o pregătire amănunţită precum şi o cunoaştere temeinică a competitorului.

Un moment important al precampaniei îl reprezintă anunţul oficial al candidaturii. Majoritatea formaţiunilor politice organizează spectacole în localităţile respective, invitând cât mai mulţi locuitori şi oferind gratuit mâncare şi băutură. Reţeta spectacolului de anunţare a candidaturii este în general standard: un recital al unui cântăreţ cunoscut şi compatibil cu mediul social vizat, prezenţa unor lideri de partid cunoscuţi, materiale de propagandă cu numele şi fotografia candidatului, etc.

La polul opus, în funcţie de fondurile disponibile sau de împrejurări, lansarea se poate face în mod simplu, în cadrul unei conferinţe de presă, mizându-se pe presupusa penetrare a mass-mediei în zona vizată.

Spre exemplu, la alegerile locale din anul 2004, majoritatea lansărilor de candidaţi au avut loc în mod festiv, cu câteva luni înaintea începerii oficiale a campaniei electorale.

În anul 2012, lipsa fondurilor din visteria unor partide, combinată cu prăbuşirea partidului de guvernamant a condus la o lipsă a spectacolelor din perioada de precampanie, anunţarea candidaţilor din aceasta perioadă facându-se aproape exclusiv în conferinţe de presă sau comunicate de presa.

Un caz aparte îl reprezintă candidaţii fără funcţii administrative dar cu funcţie de conducere în filialele de partid (dar nu neapărat) şi care dispun de fonduri apreciabile. Acest tip de candidat va căuta metode alternative de creştere a notorietăţii, precum implicarea sa în acţiuni de binefacere şi mediatizarea acestora. Cazul cel mai cunoscut este al candidatului PDL la primăria municipiului Constanţa la alegerile din 10 iunie 2012, Christian Gigi Chiru, care începând din anul 2011 a demarat o campanie agresiva centrată de activităţi de binefacere derulate prin fundaţia care îi poartă numele. În partea a doua, respectiv ultimele 6 luni dinaintea alegerilor locale, Christian Gigi Chiru a introdus un nou concept, cel al primăriei constănţenilor[18], o pseudoinstituţie care avea rolul de a veni în sprijinul cetăţenilor nemulţumiţi. Ambele concepte au beneficiat de o mediatizare intensă prin panotaj stradal şi atitudine favorabilă în câteva cotidiene locale.

Candidatul detine functia vizata, dorind un nou mandat

Deşi în acest caz nu se pune problema creşterii notorietăţii, constatăm că metoda campaniei timpurii este luată în considerare şi aplicată.

Indiferent de apartenenţa politică, majoritatea persoanelor aflate în această

[18] http://gigi-chiru.ro/primaria-constantenilor-vine-cu-solutii-la-problemele-oamenilor/

categorie işi planifică pentru ultimul an de mandat un număr mai mare de evenimente precum finalizări sau demarări de investiţii.

Este unanim recunoscut faptul că un ritm liniar de îmbunătăţire a vieţii sau de satisfacere a unor nevoi personale crează un sentiment de normalitate, progresul fiind mult mai greu de perceput. Spre exemplu, deşi în ultimii 4 ani strada X a fost menţinută într-o stare tehnică corespunzătoare prin reparaţii periodice, riveranii nu îşi vor mai aduce aminte starea străzii de acum 5 ani şi gropile din asfalt, fiind nemulţumiţi că nu s-a procedat deja şi la modernizarea trotuarului.

Programarea finalizării şi începerii de investiţii în ultimul an de mandat speculează memoria de scurtă durată a alegătorului, provocându-i acestuia o stare de mulţumire şi confort remanentă cel puţin până în ziua votului.

O problema deosebită o reprezintă investiţiile care deşi sunt în folosul întregii comunităţi, alegătorul luat individual nu sesizează surplusul de bunăstare care i-a fost adus sau care urmează sa îi fie adus. Deşi teoretic mesajul poate fi comunicat şi explicat în cadrul unei campanii mediatice, eficienţa este aproape nulă. Drept urmare, pe aceste tipuri de investiţii nu se poate conta într-o perioadă electorală. Spre exemplu, o modernizare a unei staţii de epurare dintr-un oraş de 300.000 de locuitori are impact electoral mai mic pentru alegătorul căruia i s-a amenajat o parcare nouă în faţa blocului în care îşi poate parca autoturismul. În cazul acesta, alegătorul preţuieşte mai mult parcarea decât faptul că staţia de epurare elimină poluarea mediului înconjurător.

Un alt aspect deloc de neglijat este acela că orice investiţie, deşi poate provoca satisfacerea necesităţilor unei categorii de electori, poate produce şi efecte secundare prin îndepartarea altor categorii. O analiză de risc poate să indice o perioadă accepatbilă de lansarea unei investiţii sau acţiuni din punct de vedere al efectelor electorale nedorite. Un asemenea exemplu il reprezintă reorganizarea Spitalului Clinic Judeţean de Urgenţa (SCJU) de către Consiliul Judeţean Constanţa, acţiune începută în partea a doua a anului 2010. La vremea respectivă, masurile luate au condus la o scădere abruptă a popularităţii lui Nicuşor Daniel Constantinescu, preşedintele Consiliului Judeţean Constanţa, în rândul cadrelor medicale[19] şi a altor categorii de intelectuali din municipiu. După 4 ani de investiţii masive în echipamentele noilor secţii ale SCJU şi creşterea calităţii actului medical, efectul nedorit din punct de vedere

[19] Protestul a aproximativ 100 de cadre didactice şi studenţi medicinişti în curtea SCJU Constanţa – vineri 17 noiembrie 2010

electoral s-a atenuat, deşi nu a dispărut în totalitate.

În cazul candidaţilor pentru Parlamentul României, realitatea ne relevă câteva caracteristici specifice. În primul rând, indiferent de poziţia ocupată (parlamentar sau nu), candidatul are nevoie de sprijinul nemijlocit al primarilor în funcţie. În mod logic, acest sprijin este acordat doar celor de aceeaşi culoare politică cu cea a primarului. Sunt foarte puţine cazurile în care un candidat care este deja parlamentar este sprijinit de un primar de altă culoare politică, de obicei acest sprijin fiind în contrapartidă cu alte servicii oferite de primul.

Datorită specificului activităţii parlamentare, ocupantului acestei demnităţi îi este recomandat să aibă o activitate susţinută în teritoriu şi să conlucreze foarte strâns cu primarii pentru rezolvarea problemelor comunităţii. Observăm deasemenea că obiceiul unei precampanii nu are efect, fiind necesară o activitate liniară de-a lungul tuturor celor 4 ani de mandat.

În cazul candidatului care nu este parlamentar, acesta este nevoit să obţină sprijinul primarilor şi să depună eforturi considerabile (inclusiv financiare) pentru obţinerea de voturi în zonele controlate de primari ai altor formaţiuni politice. În mod uzual, notorietatea şi imaginea se obţin cu aportul altor parlamentari în funcţie (transfer de imagine) şi cu investiţii masive în apariţiile în mass-media.

2.5. Stabilirea bugetului şi finanţarea campaniei electorale

Stabilirea bugetului unei campanii electorale comportă defalcarea cheltuielilor pe categorii, stabilirea priorităţilor şi a intensităţii dorite de transmitere a mesajului către electorat.

Principalele categorii de cheltuieli sunt:

- Asigurarea meselor zilnice, a băuturilor racoritoare şi cafelei pentru echipa de campanie precum şi a transportului membrilor acestora de la sediul de campanie către locuinţe în zilele în care activitatea se prelungeşte în noapte.
- Asigurarea mijloacelor auto şi a carburantului pentru echipele mobile de campanie (cele care coordonează activitatea în teren)
- Asigurarea serviciilor de comunicaţii (internet, telefonie)
- Concepţia, tehnoredactarea si tiparirea afiselor, brosurilor si a flyerelor

- Conceptia, tehnoredactarea şi imprimarea mesh-urilor şi a bannerelor
- Plata altor materiale promoţionale sau cadouri cu valoare simbolică
- Plata serviciilor de publicitate stradală
- Concepţia şi realizarea spoturilor video, radio şi a celor destinate maşinilor cu staţie de amplificare
- Publicitatea în presa scrisă
- Publicitatea pe posturile de radio şi televiziune
- Costul spectacolelor organizate (scena, sonorizare, artişti, etc)
- Plata colaboratorilor

Referitor la aceste categorii de cheltuieli trebuie să facem câteva precizări. Dimensionarea cantităţilor de material de propagandă necesar într-o campanie electorală se face după câteva principii relativ simple precum:

- Numărul de bannere va fi astfel calculat încât fiecare intersecţie principală dintr-un oraş să aibă montate câte 4 bucăţi pentru ca orice persoană, venind dinspre orice sens de drum să perceapă mesajul electoral. Aplicat la o localitate mică (sat de 2000 locuitori străbătut de o şosea naţională sau drum judeţean) se impun cel puţin 4 bannere : câte unul la fiecare intrare în sat, unul în dreptul bisericii iar unul în dreptul localului cel mai frecventat (crâşma din sat sau non-stopul). Folosind acest algoritm vom ajunge la concluzia că pentru un oraş precum Constanţa, numărul necesar de bannere este de minim 250.
- Numărul de afişe necesar se calculează împărţind populaţia unei localităţi la 10 şi se amplasează în aşa fel încât în medie să existe grupuri de afişe la o distanţă de 200-300 de metri unul de celălalt.
- Numărul de flyere se calculează împărţind populaţia localităţii la 3.
- Numărul de cadouri cu valoare simbolică (pixuri, deodorante de maşină, şepci, şorţuri de bucătărie, chibrite, etc) se stabileşte în funcţie de caracteristicile comunităţii şi poate varia în medie în jurul cifrei obţinute prin împărţirea numărului de locuitori ai localităţii la un coeficient cuprins între 10 şi 20.
- Fiecare localitate care prezintă interes va beneficia de cel puţin 1 ediţie specială a unui cotidian local cu materiale adaptate specificului local. Cantitatea de ziare difuzate gratuit variază între 1 exemplar la 25 până la 50 de locuitori.

Dupa cum se poate observa, în categoria cheltuielilor am evidenţiat şi publicitatea pe posturile de radio şi televiziune, deşi legislaţia în vigoare interzice acest lucru (posturilor de radio şi televiziune) şi impune reguli stricte pe perioada campaniei electorale. De fapt, realitatea ne arată că majoritatea posturilor de radio şi televiziune evită pe cât posibil respectarea normelor Consiliului Naţional al Audiovizualului, făcând artificii de raportare a timpilor acordaţi formaţiunilor politice precum şi în evidenţierea în contabilitate a sumelor plătite de anumiţi candidaţi pentru emisiunile acordate. În fapt, deşi legislaţia în vigoare obligă posturile de radio şi televiziune să transmită către formaţiunile politice înainte de începerea campaniei electorale a repartizării transparente a timpilor de antenă, în cazul judeţului Constanta, un singur radiodifuzor[20] a respectat legea vis-a-vis de solicitările scrise ale tuturor formaţiunilor politice. Modul de gestionare de către echipa de campanie a acestor situaţii delicate va fi prezentat într-un capitol ulterior.

Revenind la alcătuirea bugetului trebuie să menţionăm că am evidenţiat majoritatea cheltuielilor care pot apare fără ca acestea să fie absolut obligatorii.

Deşi am inclus plata spaţiilor de emisie radio-tv, nu am inclus alte cheltuieli precum mita electorala[21], sau contravaloarea tiparirii materialelor denigratoare neasumate, a editiilor pirat a unor cotidiene cunsocute, etc.

Ca un ordin de mărime, referindu-ne la campania pentru alegerile locale din 10 iunie din judetul Constanţa costurile s-au încadrat între aproximativ 2000 Euro (cazul comunei 23 August în care candidatul Mugurel Mitrana, primar în funcţie, care a folosit în campanie doar un panotaj modest din punct de vedere al cantităţii şi nu a organizat nici un fel de festivitate sau concert) şi aproape 150.000 de Euro în cazul unui candidat la primăria municipiului Constanţa (candidat care nu a caştigat mandatul).

Deasemeni, trebuie menţionat faptul că în continuare sumele raportate prin intermediul mandatarului financiar ca fiind cheltuite nu corespund cu realitatea, acestea fiind mult mai mari. Pe de altă parte, un procentaj important din cheltuieli este

[20] Anexa 3 – Adresa nr. 433/08.05.2012 emisa de Radio Romania Constanta catre Uniunea Social Liberala privind acordarea timpilor de antena.

[21] Anexa 4 – Declaratii notariale autodenunt Iosub Aurel, Tane Daniel si Stroe Elena – alegeri locale judetul Constanta 10 iunie 2012

suportat in mod direct (fără a mai fi contabilizate în evidenţele partidelor) de societăţi comerciale sau persoane fizice.

În ceea ce priveşte finanţarea campaniei electorale, aceasta se face pe baza cotizaţiilor membrilor şi a donaţiilor persoanelor fizice şi juridice. Există cazuri în care cheltuielile efectuate de formaţiunile politice în campania electorală depăşesc cu mult sumele disponibile, partidele rămânând datoare pentru bunuri şi servicii diverşilor furnizori.

2.6. Stabilirea mesajelor de campanie şi a sloganului

Stabilirea mesajelor şi a sloganului este un moment foarte important iar pentru succesul întregii operaţiuni este recomandabil să fie cooptaţi consultanţi în imagine publică şi sociologi. Practic, într-un moment temporal cât mai apropiat de începutul oficial al campaniei electorale trebuie ales sloganul care va fi folosit ca o semnatură de identitate în toate materialele de propagandă (tipărite, audio şi video).

Alegerea sloganului trebuie să ţină cont de personalitatea candidatului sau a formaţiunii politice, de împrejurările socio-economice existente, de trecutul recent şi remanenţa acestuia în mentalul public precum şi de modul de percepţie al acestuia în rândul alegătorilor, ţinând cont de specificul şi cultura locala.

Analize mai atente vor arăta că sloganuri şi teme de campanie de succes pentru o anume categorie socială reprezintă un dezastru când sunt difuzate spre alte categorii sociale datorită diferenţei mari de pregatire, de cultură sau de nivel de trai. Alegerea trebuie să ţină cont de segmentul prioritar propus a fi cucerit precum şi de asumarea unor pierderi din cadrul altor segmente. Un pericol foarte des ignorat este cel survenit în cazurile în care sloganul şi temele de campanie alese sunt judecate după modul în care sunt percepute de grupul de susţinători fanatici ai candidatului.

Este o realitate obiectivă precum că fiecare formaţiune politică are în cadrul simpatizanţilor şi membrilor săi un grup de fanatici cu atitudini intolerante la adresa competitorilor. În general, teama liderilor politici de a pierde suportul grupului de fanatici datorită unui slogan sau mesaj este nejustificată deoarece acest grup este prin definiţie cel mai uşor de manipulat sau de convertit.

Trebuie deasemenea remarcat că un mesaj de succes poate deveni ulterior un handicap important pentru candidatul sau partidul care l-a folosit. Un exemplu care se prefigurează deja în istoria post-decembristă a României îl reprezintă sloganul alegerilor din anul 2004 folosit de candidatul la alegerile prezidenţiale Traian Basescu şi anume ***Să trăiţi bine !***

În fapt, analizarea tuturor evenimentelor din decursul anului 2004 care au avut o contribuţie la rezultatul alegerilor prezidenţiale ne arată ca unitatea conceptuală a mesajului de campanie.

Primele elemente apărute în spaţiul public au fost vestitele stenograme ale şedinţelor conducerii Partidului Social Democrat, sustrase de la Departamentul de Analiză Instituţională şi lansate în presă în toamna anului 2004. Din punct de vedere comunicaţional, aceste stenograme veneau după scandalurile provocate de materialele anonime cunoscute sub numele de *Armaghedon*[22] care au culminat cu arestarea fără mandat a lui Mugur Ciuvica (fost consilier prezidenţial al preşedintelui Emil Constantinescu) în data de 18 ianuarie 2002.

Cu alte cuvinte, mentalul masei de alegători era deja pregătit pentru primirea de noi informaţii, dar care pentru asigurarea credibilităţii ar fi trebuit să fie prezentate sub o nouă formă. În fapt, toamna anului 2004 a reprezentat trecerea de la informaţia prezentă în spaţiul public dar neasumată de nici o persoană publică (Armaghedoanele anonime) la o altă informaţie împachetată într-o formă semi-oficială (stenograma), de data aceasta ne-infirmată de nici o persoană publică sau organizaţie implicată. Pe cale de consecinţă, credibilitatea materialelor difuzate era deja asigurată, chiar dacă ar fi fost inserate elemente false într-un context real, acest aspect fiind deja din punct de vedere comunicaţional irelevant.

Efectul obţinut a fost consolidarea impresiei generale precum că Partidul Social Democrat este corupt la toate palierele sale, temă preluată de candidatul Traian Băsescu şi formaţiunea sa politică în campania ce va începe în câteva luni. Aşa s-a ajuns la un paradox în care pe de o parte, candidatul Traian Băsescu folosind în campanie tema luptei impotriva corupţiei, a făcut un pas suplimentar prin folosirea sloganului *Să trăiţi bine*, transmiţând astfel mesajul că populaţia are un nivel de trai scăzut datorită corupţiei generalizate instaurată de PSD, iar pe de altă parte, formaţiunea aflată la guvernare a constatat că argumente echilibrate şi fundamentate

[22] http://www.evz.ro/detalii/stiri/serviciile-secrete-bombardate-in-2002-cu-armaghedoane-512033.html

precum creşterea economică şi stabilitatea din perioada 2000 - 2004 nu contează în faţa unor anumite categorii de electorat.

Efectul advers al întregii strategii din anul 2004, inclusiv ridiculizarea sloganului de succes *Să trăiţi bine* a survenit 8 ani mai târziu când la alegerile locale din 10 iunie 2012 electoratul a sancţionat aspru formaţiunea politică a preşedintelui Traian Băsescu, contabilizând în seama acesteia (Partidul Democrat Liberal) toate abaterile de la construcţia din 2004, începând cu cazurile de corupţie identificate în ultimii 8 ani (chiar în rândul PDL) şi terminând cu deteriorarea gravă a nivelului de trai, realitate incompatibilă cu sloganul de succes în 2004, *Să trăiţi bine*.

Capitolul 3
Mijloace de comunicare

Mijloacele de comunicare folosite în campania electorală sunt determinate de 3 factori: mărimea cantitativă a masei de alegatori, gradul de cultură şi educaţie al masei de alegători şi nivelul de dezvoltare tehnologică al perioadei istorice.

Primul factor ţine exclusiv de evoluţia legislaţiei electorale, care în decursul timpului a extins categoriile de electori, pornind de la votul censual, până la votul universal. Este de remarcat că la primele alegeri din Moldova organizate în anul 1832 pentru alegerea deputaţilor "duprin judeţe" numărul total de votanţi a fost de 360, adică mai puţin de 0,3% din populaţia principatului. Distribuţia numărului de votanţi pe ţinuturi pleca de la 30 de alegători în ţinutul Tutovei până 7 alegători în ţinuturile Herţei şi Iaşilor[23].

După cum se poate observa cu uşurinţă, numărul extrem de redus de alegători precum şi limitarea categoriilor sociale din care aceştia proveneau permitea candidaţilor folosirea unor metode de comunicare simple precum contactul nemijlocit, de fapt cel mai la îndemână şi eficient mijloc de comunicare. Tot în acea vreme apar ca mijloace de comunicare şi broşurile tipărite în Occident în care candidaţii se acuză unii pe alţii de a fi sub influenţa unei puteri străine, de preferat Rusia.

Pe măsura extinderii categoriilor de alegători şi a creşterii procentajului acestora raportat la totalul populaţiei, contactul nemijlocit s-a dovedit a fi insuficient şi

23 Rumanii fericiti – Vot si putere de la 1831 pana in prezent – autor Cristian Preda, editura Polirom, pag. 44

practic imposibil de realizat în vederea atingerii scopului propus. În fapt, legislaţia electorală a evoluat în paralel cu dezvoltarea tehnologică, cu creşterea gradului de alfabetizare şi culturalizare al populaţiei precum şi cu nivelul de trai al acesteia.

Examinând spre exemplu mijloacele folosite în campania electorală din 1946 de către Blocul Partidelor Democratice, redăm spre exemplificare lista din Raportul Secţiei de Propagandă a BPD[24] :

La data de 5 octombrie, in tara erau pregatiti in scoli speciale ale PCR si BPD 20.000 de electori, 6000 de propagandisti speciali care conduceau echipe de propaganda, erau deschise 3.500 de case ale alegatorului, erau difuzate 4.189.000 de exemplare din diferite brosuri, 6.673.000 afise, diagrame si lozinci, 2.725.000 placarde colorate, 8.600.000 caricaturi si pamflete, 28.000.000 fluturasi, 200.000 partituri muzicale... la acest material propagandistic se adauga activitatea celor 800 de echipe teatrale, 397 de echipe mixte (dans, teatru, cor), 779 de coruri, 253 de fanfare, 45 de orchestre, 160 de echipe de dans, 47 de caravane cinematografice (cu filmespeciale pentru alegatori, pe diferite teme ca : De vorba cu fratii mei plugarii, Patania lui Ion Paun, Recrutii, Votam si noi femeile). Mai erau difuzate 1.000 de diapozitive, 240 de matrite Votati soarele ! pentru ziare, 500.000 de insigne din email si metal BPD, 280 de vitrine cu subiecte din realizarile guvernului.

Rând pe rând, noi mijloace de comunicare apărute au fost adăugate arsenalului candidatului aflat în campanie electorală: presa scrisă, radioul, televiziunea, mijloacele de comunicare electronică. Comparând mijloacele folosite în trei momente ale istoriei campaniilor electorale (1832, 1946, 2012) observăm că arsenalul folosit s-a imbogăţit continuu, fiind exploatate la maxim toate oportunităţile oferite de tehnologia existentă la momentul respectiv.

În ultimele campanii electorale au fost folosite cu precădere următoarele mijloace de comunicare:

- întâlnirile publice
- materiale publicate în presa scrisă
- materiale publicate în ediţii speciale ale presei scrise
- panotaj stradal

[24] Rumanii fericiti – Vot si putere de la 1831 pana in prezent – autor Cristian Preda, editura Polirom, pag. 213

- pliante şi fluturaşi
- puncte de informare stradală (corturi, stand-uri)
- emisiuni electorale radiodifuzate
- apariţii televizate
- spoturi radio şi tv
- maşini cu portavoce
- maşini de transport în comun colate cu afişe ale candidatului
- autoturisme cu remorcă publicitară
- scrisori
- campanie de mail-uri
- campanie de apeluri telefonice
- activitate pe reţelele de socializare (facebook si tweeter)
- pagini de web şi bloguri

3.1. Întâlnirile publice - Riscuri în contactul nemijlocit, rolul echipei de campanie, stabilirea de proceduri de urmat, exemple

Participarea candidatului la adunări populare/mitinguri sau vizitarea unor zone aglomerate necesită o pregatire prealabilă atentă pentru evitarea apariţiei unor situaţii neprevăzute care pot afecta imaginea candidatului, implicit şansele acestuia.

În cazul ideal, în echipa de campanie[25] există o structură care stabileşte detaliile activităţii, realizează o inspecţie prealabilă în preziua evenimentului, realizează o informare cât mai reală asupra situaţiei din zona respectivă, întocmeşte o listă cu doleanţele care pot fi exprimate de persoanele care trăiesc / frecventează zona respectivă pentru a putea pregăti răspunsuri şi soluţii, instruieţte candidatul şi echipa de însoţire, etc. În ziua evenimentului, cu cîteva ore înainte de începere, o echipă de cel puţin 2-3 oameni se deplasează la faţa locului unde procedează la verificarea finală a situaţiei, evaluează orice modificare de condiţii faţă de cele stabilite deja în programul oficial, transmite orice informaţie relevantă candidatului şi echipei sale, putând lua chiar decizia anulării activităţii. Au existat cazuri (campania pentru alegerile electorale din 2008) când unele organizaţii judeţene de partid au redactat un

[25] Ghid intern PSD Constaţa pentru echipa de campanie şi candidat – alegeri parlamentare 2008

ghid de proceduri şi comportament pentru candidat şi însoţitorii acestuia. Conform acestui ghid, în echipa de însoţire a candidatului există un minim de 5 persoane cu sarcini precise, după cum urmează:

- 1 persoana stă în spatele candidatului, protejându-i spatele şi preluând de la candidat eventualele cadouri, plicuri sau cereri scrise primite de la cetăţeni.
- 1 persoana stă în faţa candidatului, la caţiva metri de acesta, în mulţime, pentru a-i permite candidatului să comunice vizual sau verbal cu acesta, pentru a evita astfel să se întoarcă cu spatele la cetăţeni. Această persoană are şi rolul de a supraveghea spatele candidatului.
- 1 persoană stă în stânga candidatului pentru a putea nota eventualele informaţii primite de la cetăţeni sau alte dispoziţii ale candidatului.
- 1 persoană stă pregatită în imediata apropiere pentru a putea prelua cetăţenii care au cereri neredactate şi care ar putea consuma candidatului un timp prea mare. Această persoană trebuie sa finalizeze discuţia cu cetăţeanul, substituindu-se candidatului.
- 1 persoană supraveghează participanţii la activitate şi identifică potenţialele persoane care pot provoca tulburări: persoane prea exuberante, persoane aflate sub influenţa alcoolului, persoane aflate într-o avansată stare de tulburare psihică, eventuali provocatori. Acest membru al echipei are sarcina de a supraveghea şi aborda/îndepărta în mod firesc şi discret persoanele din categoriile mai sus menţionate.

Dupa cum se observă, fiecare membru al echipei trebuie să aiba o pregătire specifică, aptitudini, competenţe şi cunoştinţe necesare rolului, precumşsi dotarea necesară pregatită.

Tot în categoria întâlnirilor publice încadrăm şi contactul nemijlocit dintre liderii filialelor locale ale formaţiunii politice în discuţie (organizaţii comunale, săteşti sau de cartier, acolo unde există) şi membrti comunităţii. Există uzanţa ca acolo unde aceste organizaţii există şi au un sediu să se organizeze orice tip de activitate care ar putea atrage alegătorii, începând spre exemplu de la campionate de table şi terminând cu organizarea de spectacole. Ceea ce este important este atragerea alegătorilor în sediul respectiv sau în anturajul membrilor filialei partidului mizând pe discuţiile care vor apare inerent pe tema alegerilor care vor urma. Observăm că de fapt este o abordare indirectă a alegătorului (atragerea lui într-un grup) folosind o temă de interes fără legatură cu activitatea politică, urmând ca în etapa a doua să se procedeze la transmiterea mesajelor de campanie electorală.

O altă categorie de întâlniri publice este cea uzitată de candidaţii care ocupă deja o funcţie administrativă, de regulă chiar cea pentru care candidează. Această categorie este caracterizată de posibilitatea acordată de lege acestui tip de candidat de a-şi continua exercitarea atribuţiilor administrative şi pe parcursul campaniei electorale. Drept urmare, după cum afirmam într-un capitol anterior, în perioada campaniilor electorale sunt programate o serie importantă de activităţi administrative care presupun participarea unor grupuri masive de cetăţeni (din punct de vedere administrativ) dar potenţiali alegători din punct de vedere electoral. Ne referim aici la finalizări de proiecte care reprezintă un interes direct al cetăţenilor. În aceste cazuri, ocupantul funcţiei administrative (candidatul) are posibilitatea de a se întâlni cu cetăţenii (alegătorii) prezentându-le rezultatul activităţii sale şi beneficiile aduse comunităţii, mărindu-şi astfel intenţia de vot din circumscripţia respectivă.

Din punct de vedere legal această uzanţă este permisă cu condiţia de a nu se folosi în cadrul acestor manifestări însemne electorale iar discursurile să nu conţină îndemnuri electorale. În realitate, demarcaţia dintre activitatea administrativă şi cea electorală este iluzorie, legea permiţând de fapt folosirea evenimentului administrativ în scopuri electorale. Un exemplu de organizare nesancţionat de lege este inaugurarea unui camin cultural într-un sat în prezenţa a 300 de persoane (eveniment administrativ derulat între orele 17.00 şi 17.30) urmat de o activitate electorală (spectacol cu discursuri derulat între orele 17.30 si 20.30).

Un alt exemplu de modalitate de organizare a unor întâlniri publice uzitat de candidaţii care de data aceasta nu ocupă funcţie administrativă este folosirea unei fundaţii sau organizaţii neguvernamentale (Primăria Constănţenilor[26], concept pus la punct de candidatul Alianţei pentru Constanţa la alegerile pentru primăria municipiului Constanţa din 10 iunie 2012, Christian Gigi Chiru).

Un ultim aspect pe care considerăm necesar să îl dezvoltăm este cel al riscurilor

[26] http://gigi-chiru.ro/primaria-constantenilor-vine-cu-solutii-la-problemele-oamenilor/

prezente în întâlnirile publice. Prima zona de pericol ţine de pregătirea candidatului şi a persoanelor care vor avea contact nemijlocit cu alegătorii din punct de vedere al subiectelor care vor fi discutate. Recomandarea este ca în prealabil să se organizeze o discuţie în care să se stabilească mesajele care vor fi transmise, răspunsurile la întrebările incomode care pot fi primite şi nu în ultimul rand identificarea tuturor acestor întrebări. Punerea la punct a tuturor acestor detalii reduce riscul transmiterii unor mesaje contradictorii sau decredibilizarea candidatului şi a echipei sale în cazul unor raspunsuri inadecvate date întrebărilor sensibile. Deşi noţiunea de risc prezent în cadrul întâlnirilor publice sugerează agresiuni fizice sau provocări premeditate ale unor echipe aparţinând contracandidaţilor, accentul trebuie pus pe riscurile generate de greşelile proprii: proastă organizare, reacţii necontrolate în faţa alegătorilor, limbaj neadecvat, ţinută vestimentară improprie, etc. Există şi riscuri obiective de genul condiţiile meteorologice care pot anula întâlniri organizate în aer liber dar care pot fi contracarate prin documentare prealabilă şi stabilirea dacă e cazul a unor soluţii de rezervă, acolo unde este posibil. Managementul prevenirii riscurilor are o o dublă importanţă deoarece evenimentele neplăcute care puteau fi prevenite afectează în egală măsură imaginea candidatului şi a echipei dar şi armonia din cadrul echipei de campanie, un element esenţial de menţinut într-o perioadă de 30 de zile de efort susţinut.

3.2. Materiale publicate în presa scrisă

Presa este al doilea mijloc major de comunicare folosit în istoria campaniilor electorale. Aceasta şi-a câştigat rolul binemeritat în strategiile de campanie mai ales după creşterea gradului de alfabetizare şi după extinderea categoriilor sociale cu drept de vot. Primele publicaţii de presă apărute în spaţiul carpato-dunărean au fost Curierul Românesc, Albina Românească (1829) şi Gazeta Teatrului Naţional (1835). Observăm de fapt că primele două publicaţii apar în acelaşi timp cu Regulamentele Organice (deci şi cu primele alegeri) fiind astfel printre primele elemente care vor dezvolta mediul cunoscut sub numele de spaţiul public, adică arena de întrecere a formaţiunilor politice în lupta lor de a caştiga interesul şi bunăvoinţa alegătorului.

Din punct de vedere al dezvoltării presei scrise de-a lungul istoriei campaniilor electorale, cunoaştem 3 evoluţii distincte : perioada 1829 – 1948 când presa a cunoscut un trend ascendent din punct de vedere al numărului de publicaţii şi al tirajului total, în pofida cenzurii reglementate legislativ, 1948 – 1990, perioadă aferenta regimului totalitar comunist în care s-a limitat în primă fază numărul de publicaţii deşi tirajul total a depăşit cu mult valorile anterioare iar cenzura instituţională a condus la o aliniere a tuturor mijloacelor de infomare în masă şi perioada 1990 – 2012 în care după un trend ascendent generat de nevoia de informaţie a unei populaţii proaspăt sosită din regimul totalitar, numărul de publicaţii a intrat pe trendul descrescător global, având în vedere tendinţele la nivel mondial unde observăm pierderea terenului de către presa scrisă în faţa ascensiunii din ce în ce mai rapide a presei on-line.

Indiferent de perioadă, presa a reprezentat un suport comunicaţional major în campaniile electorale, numărul de publicaţii şi tirajul cunoscând o creştere în preajma fiecărui moment electoral.

Principalele tipuri de materiale care se pretează şi se folosesc în presa scrisă sunt : machetele (care conţin elementele de identitate vizuală comune cu afişele şi bannerele folosite în panotajul stradal, machetele fiind un produs al echipei de campanie), reportajele ample pozitive privind realizările şi platforma program a candidatului, anchetele privind contracandidatul, materialele generaliste pozitive (au un caracter indirect, se abordează subiecte colaterale care imbunătăţesc imaginea grupului din care face parte candidatul), materialele generaliste negative (au un caracter indirect, accentuează o stare de spirit negativă la adresa unui grup sau formaţiune politică din care face parte contracandidatul) şi informaţiile de coloană (ştiri de până la 1500 de caractere care au rolul de a întreţine o senzaţie indusă cititorului de materialele ample).

O analiză a modalităţii de folosire a presei scrise, începând de la tipul de informaţii comunicat până la modul de tehnoredactare ne arată că în decursul vremii principiile enunţate mai sus au fost respectate de majoritatea competitorilor electorali.

Luând spre exemplu ediţia din data de 18 noiembrie 1946 a cotidianului

Scânteia[27] (referindu-ne la alegerile din 19 noimebrie 1946) vom constanta următoarea distribuţie a informaţiilor în paginile acestuia :

- Pagina 1 deschidere ziar - după cum se poate observa, pagina 1 este alcătuită dintr-o colecţie de sloganuri şi machete, având ca destinatar comunicaţional categoriile cele mai consistente de votanţi. Deasemeni, apar în mod repetat sfaturile despre ce anume să se voteze, inclusiv macheta cu imaginea buletinului de vot care urma să fie folosit a doua zi în scrutinul electoral.
- Pagina 2 – pagina 2 este rezervată unui material amplu în care este prezentat liderul locomotivă al BPD, Gheorghe Gheorghiu Dej. Sunt prezente informaţii variate, plecând de la copilăria acestuia până în prezentul anului 1946. Există şi două excepţii pe pagină constituite din 2 materiale de coloană în care se reiau indicaţiile de votare (*votaţi nr. 1 pe buletinul de vot, votaţi semnul soarelui,* etc.)
- Pagina 3 – în această pagină încep să apară materialele negative la adresa competitorilor electorali. Exemple de titluri de articole : *Capii opoziţiei iau în braţe pe teroriţtii fascişti, Ceferiştii l-au asteptat pe d. Maniu dar... d. Maniu n'a venit*, etc. Pe lângă aceste materiale sunt introduse materiale generaliste pozitive : *Încă 7 comune au fost electrificate în Prahova, S-a acordat un spor de scumpete pensionarilor Asigurărilor Sociale.*
- Pagina 4 – Această pagină, destinată în mod tradiţional la acea vreme ştirilor externe, este şi ea supusă necesităţilor de comunicare electorală. Drept urmare, vom regăsi ştiri pozitive despre ţările cu regim comunist şi ştiri de coloană negative precum *O nouă grevă a 400.000 de mineri ameninţă Statele Unite.*

Deşi pare uşor nefiresc, presa scrisă poate fi folosită în anumite condiţii în aceleaşi scopuri electorale dar uzând de alte principii.

Exemplul prezentat este al cotidianului Telegraf din judeţul Constanţa aflat în zona de influenţă şi interes a organizaţiei judeţene a Partidului Social Democrat, cotidian aflat pe primul loc în judeţ din punct de vedere al tirajului (aprox. 8000 de exemplare vândute zilnic, situaţie existentă la nivelul anului 2012 înaintea campaniei electorale). În cursa electorală pentru alegerile locale din 10 iunie 2012 pentru

[27] Anexa 5 – cotidianul Scânteia, ediţia 18 noiembrie 1946

municipiul şi judeţul Constanţa[28] principalii candidaţi au fost Radu Ştefan Mazăre (PSD, candidat la primăria Constanţa), Nicuşor Daniel Constantinescu (PSD, candidat preşedinte Consiliu Judeţean), Christian Gigi Chiru (PDL, candidat sub culorile Alianţei pentru Constanţa (PDL+PNŢCD) la primăria Constanţa) şi Claudiu Iorga Palaz (anunţat în ultimul moment drept candidat al UNPR la primăria Constanţa).

În vederea minimalizării numărului de mandate de consilieri locali sau judeţeni pe care formaţiunile concurente mai sus-amintite le-ar fi putut obţine, strategia acestui cotidian a fost de ignorare aproape totală a lui Christian Gigi Chiru şi Claudiu Iorga Palaz. Cu alte cuvinte, reflectarea activităţii celor doi a fost redusă spre zero, chiar şi atunci când ar fi fost disponibile materiale negative, cu excepţia marilor scandaluri sau dezvăluiri de presă (afacerea Podul de la Agigea – Claudiu Iorga Palaz, scandalul bonurilor valorice oferite de Christian Gigi Chiru prin intermediul fundaţiei). Precizăm că această atitudine a fost prezentă nu numai în perioda campaniei electorale oficiale ci şi în perioada de precampanie şi de construire a notorietăţii. Această abordare a reflectării evenimentelor cotidiene (în pofida principiului din presă precum că un eveniment se întâmplă indiferent daca ziarul îl reflectă sau nu) a condus la menţinerea cotei scăzute de notorietate a candidatului UNPR (presupusa locomotivă locală a acestui partid), implicit la obţinerea unui scor electoral care nu a permis accesul nici unui reprezentant al acestei formaţiuni politice în Consiliul Judeţean Constanţa[29] iar în Consiliul Local Municipal Constanţa a reuşit obţinerea a doar 2 mandate[30].

Justeţea raţionamentului este confirmată de performanţa obţinută de noul partid PPDD care a obţinut un număr important de mandate de consilieri locali şi judeţeni, în lipsa unui lider real judeţean de tipul locomotivă dar a beneficiat de cifra de audienţă a televiziunii OTV a lui Dan Diaconescu, devenind astfel un potenţial partid "balama" în cele două consilii, local şi judeţean.

---

[28] Documente Biroul Electoral Judeţean Constanţa

[29] Rezultatul alegerilor locale din 10 iunie 2012 pentru mandatele de consilieri în cadrul Consiliului Judeţean Constanţa: USL 26 mandate, PDL 7 mandate, PP-DD 3 mandate

[30] Rezultatul alegerilor locale din 10 iunie 2012 pentru mandatele de consilieri în cadrul Consiliului Local Constanţa: USL 18 mandate, ApC 4mandate, PP-DD 3 mandate, UNPR 2 mandate

3.3. Panotajul stradal

Panotajul stradal este un alt mijloc de comunicare care a rezistat de-a lungul vremii în istoria campaniilor electorale. Indiferent de regimul politic din Romania, majoritatea campaniilor electorale au folosit mai mult sau mai puţin acestă formă de transmitere a unui mesaj sau de creştere a notorietăţii. Din alt punct de vedere, panotajul stradal necesită suportarea unor costuri de către candidat sau formaţiunea politică din care face parte. Din acest motiv atenţia acordată de fiecare candidat panotajului stradal este diferită, fiind direct proportională cu posibilităţile financiare.

Prin panotaj stradal înţelegem orice formă de comunicare vizuală prin intermediul unei tipărituri pe diverse tipuri de suport (afiş, fluturaş, banner, mesh, stencil, etc) amplasată într-un spaţiu public sau vizibil dintr-un spaţiu public.

Din punct de vedere al legislaţiei româneşti în vigoare, primăriile sunt obligate să amenajeze un număr suficient de panouri stradale de afişaj electoral[31] pe care candidaţii să işi poată expune afişele electorale :

(1) Primarii sunt obligaţi ca până la începerea campaniei electorale să stabilească prin dispoziţie locuri speciale pentru afişaj electoral, ţinând seama de numărul partidelor politice, alianţelor politice şi alianţelor electorale care declară că depun liste de candidaţi, candidaturi pentru funcţia de primar, precum şi de candidaţii independenţi. Aceste locuri trebuie să fie situate în zone frecventate de cetăţeni, fără stânjenirea circulaţiei pe drumurile publice şi a celorlalte activităţi din localităţile respective.

(2) Utilizarea locurilor de afişaj electoral este permisă partidelor politice, alianţelor politice şi alianţelor electorale care participă la alegeri şi candidaţilor independenţi.

(3) Este interzisă utilizarea de către un partid politic, alianţă politică, alianţă electorală ori candidat independent a locurilor speciale de afişaj electoral, astfel încât să împiedice folosirea acestora de către un alt partid politic, alianţă politică, alianţă electorală ori candidat independent. Pe un panou electoral fiecare partid politic, alianţă politică, alianţă electorală ori candidat independent poate aplica un singur afiş electoral.

[31] Art. 76 din Legea 67 din 2004 privind alegerea autorităţilor administraţiei publice locale

(4) Un afiş electoral amplasat în locurile prevăzute la alin. (1) nu poate depăşi dimensiunile de 500 mm o latură şi 300 mm cealaltă latură, iar cel prin care se convoacă o reuniune electorală, 400 mm o latură şi 250 mm cealaltă latură.

(5) În alte locuri decât cele stabilite conform alin. (1) afişajul electoral este permis numai cu acordul proprietarilor, administratorilor sau, după caz, al deţinătorilor.

(6) Sunt interzise afişele electorale care combină culori sau alte semne grafice astfel încât să evoce simbolurile naţionale ale României ori ale altui stat.

(7) Organele de ordine publică sunt obligate să asigure integritatea panourilor şi a afişelor electorale.

Din practica întâlnită, observăm că majoritatea candidaţilor nu respectă legislaţia în vigoare privind panotajul pe panourile primăriilor, fiecare aplicând mai multe afişe sau aplicând afişe peste cele ale altor candidaţi. Deasemeni, candidaţii practică frecvent încălcări ale legislaţiei în vigoare, mai ales în acele zone în care întâlnim doar o interdicţie, nu şi o pedeapsă pentru fapta respectivă (ex. amplasarea unui singur afiş, interdicţia de a evoca simboluri naţionale, dimensiunile afişului, etc). De regulă, asemenea abateri de la litera legii sunt sancţionate de Birourile electorale care dispun autorităţilor locale (după o prealabilă sesizare a acestora de către un candidat) luarea de măsuri în vederea respectării legii. Constatăm de fapt că orice candidat poate în mod premeditat să procedeze la una din încălcările legislaţiei (exemplu : aplicarea pe tot panoul pus la dispoziţie de primărie a afişelor proprii) mizând pe faptul că paşii de urmat îi permit ca respectivul afişaj să rămână cel puţin 3-4 zile şi să îşi producă efectele de imagine dorite. Referirea la perioada de 3-4 zile înseamnă de fapt timpul fizic necesar sesizării încălcării de legislaţie de către unul dintre contracandidaţi, redactarea sesizării către Biroul Electoral, luarea unei decizii de către Biroul Electoral, transmiterea către autoritatea publica şi aducerea la îndeplinire a deciziei. În fapt, constatăm că aceste încălcări de legislaţie sunt acte premeditate ale candidaţilor cu asumarea unor riscuri minime.

Ca o observaţie, remarcăm legislaţia franceză în care autorităţile locale pun la dispoziţie un număr convenabil de grupuri cu locuri de panotaj distincte (numărul locurilor dintr-un grup fiind egal cu numărul de candidaţi), cu dimensiuni fixe, permiţând astfel aplicarea de către fiecare candidat a unui singur afiş electoral.

Revenind la legislaţia românească, în plus faţă de aceste locuri special amenajate pentru panotaj, sunt permise şi alte locaţii, cu acordul proprietarilor acestora. Aceasta este cauza pentru care observăm o adevarată explozie de materiale de propagandă expuse în cele mai diverse locuri, de la intersecţii până la bannere tractate de aeronave mici.

Modalitatea de calcul a necesarului de materiale de propagandă a fost expus anterior în capitolul destinat estimării cheltuielilor necesare pe perioada unei campanii electorale şi este confirmat şi de uzanţele de-a lungul vremii (exemplul alegerilor din 1946 când la nivelul ţării au fost pregătite de BPD un număr de 6.673.000 afişe).

3.4. Pliante si fluturasi

Spre deosebire de afişe, pliantele şi fluturaşii au un rol distinct şi un mod diferit de difuzare. Pliantele şi fluturaşii conţin o informaţie extinsă faţă de afişe şi pot fi folosite şi la transmiterea de mesaje negative despre contracandidaţi. Aceste materiale sunt împărţite de echipele de campanie în zonele aglomerate (pieţe, parcări, intersecţii, adunări populare, etc) sau (în cazul în care conţin denigrări şi nu sunt asumate) sunt împrăştiate în decursul nopţii în zonele de interes. Din punct de vedere al legislaţiei nu există prevederi specifice privind acest mod de comunicare, eventualele aspecte care ţin de calomnie (în materialele denigratoare) putând fi rezolvate pe cale instanţei pe baza prevederilor Codului Civil, deci într-un timp mult prea îndelungat comparativ cu cele 30 de zile alocate campaniei electorale.

3.5. Puncte de informare stradală (corturi, stand-uri)

Deşi nu este un mod de comunicare în adevăratul sens al definiţiei, punctele de informare sunt o formă complexă de asigurare a transmiterii mesajului către alegători. Punctul de informare stradală îmbină panotajul, contactul nemijlocit dintre membri echipei de campanie şi alegători, distribuirea de afişe, broşuri, insigne, etc.

3.6. Emisiuni electorale radiodifuzate / aparitii televizate / spoturi radio si tv

Reglementarea acestor mijloace de comunicare o regăsim în articolele 63-75 din Legea 67/2004 pentru alegerea autorităților publice locale şi este similară cu prevederile legale privind alte tipuri de alegeri, precum si în Deciziile emise de Consiliul Naţional al Audiovizualului.

ART. 63

(1) Campania electorală prin serviciile de programe audiovizuale, publice şi private, trebuie să servească următoarelor interese generale:

a) ale electoratului, de a primi informaţii corecte, astfel încât să poată vota în cunoştinţă de cauză;

b) ale partidelor politice, alianţelor politice, alianţelor electorale, organizaţiilor cetăţenilor aparţinând minorităţilor naţionale şi candidaţilor, de a se face cunoscuţi şi de a-şi prezenta platformele, programele politice şi ofertele electorale;

c) ale radiodifuziunilor, de a-şi exercita drepturile şi responsabilităţile care decurg din profesiunea de jurnalist.

(2) Radiodifuzorii publici şi privaţi sunt obligaţi să asigure, în cadrul serviciilor de programe audiovizuale, desfăşurarea unei campanii electorale echitabile, echilibrate şi corecte pentru toate partidele politice, alianţele politice, alianţele electorale, organizaţiile cetăţenilor aparţinând minorităţilor naţionale, precum şi pentru toţi candidaţii.

ART. 64

(1) În timpul campaniei electorale, informaţiile privind sistemul electoral, tehnica votării, calendarul campaniei electorale, programele politice, opiniile şi mesajele cu conţinut electoral trebuie să fie prezentate exclusiv în următoarele tipuri de emisiuni:

a) emisiuni informative - în care pot fi difuzate informaţii privind sistemul electoral, tehnica votării şi activităţile de campanie ale candidaţilor; în acest scop durata programată a emisiunii informative poate fi mărită cu cel mult 15 minute;

b) emisiuni electorale - în care candidaţii îşi pot prezenta programele politice şi activităţile de campanie electorală;

c) dezbateri electorale - în care candidaţii, jurnaliştii, analiştii şi alţi invitaţi pun în discuţie programele electorale şi temele de interes public.

(2) Posturile private de radio şi televiziune, inclusiv de televiziune prin cablu, pot organiza, în cadrul propriei grile de programe, emisiuni de tipul celor prevăzute la alin. (1).

(3) Emisiunile prevăzute la alin. (1) nu pot fi considerate publicitate electorală.

(4) Spoturile publicitare de 20-30 de secunde care îndeamnă electoratul să voteze un candidat sau o listă de candidaţi pot fi difuzate numai în interiorul emisiunilor prevăzute la alin. (1) lit. b) şi c).

(5) Este interzisă cumpărarea de spaţii de emisie în vederea difuzării de clipuri sau de emisiuni electorale.

ART. 65

(1) Accesul partidelor politice parlamentare, alianţelor politice şi alianţelor electorale ale acestora, precum şi al candidaţilor independenţi la serviciile publice de radiodifuziune şi de televiziune, inclusiv la cele ale studiourilor teritoriale ale acestora, este gratuit. Partidele politice neparlamentare, alianţele politice şi alianţele electorale ale acestora au acces gratuit la serviciile publice teritoriale de radiodifuziune şi de televiziune numai în măsura în care depun liste de candidaţi în minimum 50% din circumscripţiile electorale de pe cuprinsul unui judeţ ce intră în raza de acoperire a studiourilor teritoriale respective. Timpul de antenă acordat în aceste situaţii trebuie să fie proporţional cu numărul listelor complete de candidaţi depuse în teritoriul respectiv şi se calculează de Societatea Română de Televiziune şi de Societatea Română de Radiodifuziune în termen de 24 de ore de la primirea comunicării datelor transmise de Biroul Electoral Central. La serviciile publice naţionale de radiodifuziune şi de televiziune au acces partidele politice neparlamentare, alianţele politice şi alianţele electorale care depun liste complete de candidaţi în cel puţin 50% din circumscripţiile electorale din 15 judeţe. Timpul de antenă se acordă după rămânerea definitivă a candidaturilor, trebuie să fie proporţional cu numărul listelor complete de candidaţi depuse şi se calculează de Societatea Română de Televiziune şi de Societatea Română de Radiodifuziune în termen de 24 de ore de la primirea comunicării datelor transmise de Biroul Electoral Central.

(2) Organizaţiile cetăţenilor aparţinând minorităţilor naţionale au acces la

serviciile publice teritoriale şi naţionale de radiodifuziune şi de televiziune, dacă participă la alegeri cu liste de candidaţi în circumscripţiile electorale din judeţe şi în mod proporţional cu ponderea lor în totalul populaţiei judeţului, respectiv a României.

(3) Până la calcularea timpilor de antenă, conform alin. (1) şi (2) partidele politice parlamentare, alianţele acestora şi organizaţiile cetăţenilor aparţinând minorităţilor naţionale reprezentate în Parlament primesc timpi de antenă proporţional cu ponderea lor parlamentară.

(4) Accesul partidelor politice, alianţelor politice, alianţelor electorale, precum şi al candidaţilor independenţi şi al organizaţiilor cetăţenilor aparţinând minorităţilor naţionale la posturile private de radiodifuziune şi de televiziune, inclusiv televiziune prin cablu, se face gratuit numai în cadrul emisiunilor care au caracter electoral, potrivit dispoziţiilor art. 64.

(5) Este interzisă contractarea de timpi de antenă în scopuri publicitare, pentru şi în favoarea participanţilor la campania electorală, sau cedarea timpilor de antenă candidaţilor de către societăţile comerciale cu capital public sau privat, instituţiile publice, organizaţiile neguvernamentale sau persoanele fizice.

(6) Partidele politice, alianţele politice şi alianţele electorale, candidaţii independenţi, precum şi organizaţiile cetăţenilor aparţinând minorităţilor naţionale au obligaţia să solicite, cel mai târziu cu 40 de zile înainte de data alegerilor, conducerii posturilor de radiodifuziune şi de televiziune publice şi private sau, după caz, studiourilor teritoriale ale acestora acordarea timpilor de antenă. Solicitările făcute după acest termen nu se iau în considerare.

(7) Timpii de antenă la radiodifuziunile şi televiziunile publice şi private, inclusiv cele prin cablu, se acordă partidelor politice, alianţelor politice şi alianţelor electorale, în fiecare din zilele de luni, marţi, miercuri, joi şi vineri. Fiecare candidat independent are dreptul la timp de antenă, la studiourile teritoriale, de cel mult 5 minute, însumate pe întreaga durată a desfăşurării campaniei electorale. Candidaţii independenţi din circumscripţiile electorale din municipiul Bucureşti şi cei din municipiile reşedinţă de judeţ, care nu sunt pe raza de acoperire a unui studio, au acces la serviciile publice naţionale de radiodifuziune şi de televiziune în acelaşi interval de timp de cel mult 5 minute, însumate pe întreaga durată a desfăşurării

campaniei electorale.

(8) Emisiunile transmise în cadrul timpului de emisie acordat fiecărui partid politic, fiecărei alianţe politice şi alianţe electorale, candidaţilor independenţi şi ai organizaţiilor cetăţenilor aparţinând minorităţilor naţionale se realizează în direct sau se înregistrează, în proporţiile stabilite de aceştia.

(9) În cadrul emisiunilor care au caracter electoral este interzisă combinarea de culori, semne grafice sau sunete care să evoce simbolurile naţionale ale României ori ale altui stat.

ART. 66

(1) În perioada campaniei electorale, candidaţii şi reprezentanţii partidelor politice aflate în competiţie au acces la posturile publice şi private de radiodifuziune şi de televiziune numai la emisiunile şi dezbaterile electorale, în condiţiile art. 63, 64 şi 65.

(2) În perioada campaniei electorale, candidaţii şi reprezentanţii partidelor politice aflate în competiţie nu pot fi producători, realizatori sau moderatori ai emisiunilor realizate de radiodifuzorii publici şi privaţi.

ART. 67

(1) Radiodifuzorii publici şi privaţi au obligaţia de a asigura, prin măsuri tehnice şi redacţionale, reflectarea campaniei electorale în mod echitabil, echilibrat şi imparţial.

(2) Emisiunile informative se supun obligaţiei de obiectivitate, echitate şi de informare corectă a publicului.

(3) Candidaţii care au deja funcţii publice pot apărea în emisiunile informative strict în probleme legate de exercitarea funcţiei lor.

(4) În cazul în care în emisiunile informative se prezintă fapte sau evenimente speciale de interes public, pe lângă punctul de vedere al autorităţilor trebuie prezentat şi un punct de vedere opus.

ART. 68

(1) Emisiunile şi dezbaterile electorale trebuie să asigure tuturor candidaţilor condiţii egale în ceea ce priveşte libertatea de exprimare, pluralismul opiniilor şi echidistanţa.

(2) În cadrul emisiunilor electorale, candidaţii au următoarele obligaţii:

a) să nu pună în pericol ordinea constituţională, ordinea publică, siguranţa persoanelor şi a bunurilor;

b) să nu facă afirmaţii care pot aduce atingere demnităţii umane sau moralei publice;

c) să probeze eventualele acuzaţii cu incidenţă penală sau morală aduse unui alt candidat;

d) să nu incite la ură sau discriminare pe considerente de rasă, religie, naţionalitate, sex, orientare sexuală sau etnie.

ART. 69

Realizatorii şi moderatorii emisiunilor şi dezbaterilor electorale au următoarele obligaţii:

a) să fie imparţiali;

b) să asigure echilibrul necesar desfăşurării emisiunii, oferind fiecărui candidat participant la discuţii posibilitatea de prezentare a opiniilor sale;

c) să formuleze clar întrebările, fără a fi tendenţioase sau părtinitoare;

d) să asigure menţinerea dezbaterii în sfera de interes a campaniei electorale şi a tematicii stabilite;

e) să intervină atunci când, prin comportamente sau exprimări, invitaţii încalcă dispoziţiile art. 68 alin. (2); în cazul în care invitaţii nu se conformează solicitărilor, moderatorul poate decide întreruperea microfonului acestuia sau oprirea emisiunii, după caz.

ART. 70

(1) În cazul prezentării de sondaje de opinie cu conţinut electoral, acestea trebuie însoţite de următoarele informaţii:

a) denumirea instituţiei care a realizat sondajul;

b) data sau intervalul de timp în care a fost efectuat sondajul şi metodologia utilizată;

c) dimensiunea eşantionului şi marja maximă de eroare;

d) cine a solicitat şi cine a plătit efectuarea sondajului.

(2) Televotul sau anchetele făcute pe stradă, în rândul electoratului, nu trebuie să fie prezentate ca reprezentative pentru opinia publică sau pentru un anumit grup social ori etnic.

ART. 71

Cu 48 de ore înainte de ziua votării sunt interzise:

a) prezentarea de sondaje de opinie sau difuzarea de spoturi de publicitate electorală;

b) invitarea sau prezentarea candidaţilor în programe, cu excepţia situaţiilor prevăzute la art. 73 alin. (4);

c) comentarii privind campania electorală.

ART. 72

În ziua votării este interzisă prezentarea sondajelor realizate la ieşirea de la urne, înainte de închiderea votării.

ART. 73

(1) Candidaţii şi partidele politice ale căror drepturi sau interese legitime au fost lezate prin prezentarea în cadrul unui program electoral a unor fapte neadevărate beneficiază de drept la replică.

(2) Candidaţii şi partidele politice ale căror drepturi sau interese legitime au fost lezate prin prezentarea în cadrul unui program electoral a unor informaţii inexacte beneficiază de drept la rectificare.

(3) Radiodifuzorii au următoarele obligaţii privind dreptul la replică şi rectificare:

a) să decidă acordarea sau neacordarea dreptului solicitat în cel mult 24 de ore de la primirea unei solicitări formulate în scris; în situaţia în care solicitarea se referă la o emisiune difuzată în ultima zi de campanie electorală, decizia trebuie luată în cel mult 12 ore de la primirea solicitării;

b) să comunice solicitantului, în termenele prevăzute la lit. a), telefonic şi/sau în scris, decizia luată; în cazul neacordării dreptului solicitat, motivele trebuie să fie comunicate solicitantului şi Consiliului Naţional al Audiovizualului;

c) să difuzeze, în cazul în care decide acordarea dreptului solicitat, rectificarea sau replica în cel mult 48 de ore de la primirea solicitării; în situaţia în care emisiunea care face obiectul sesizării a fost difuzată în ultima zi de campanie electorală, rectificarea sau replica se difuzează în preziua votării;

d) să difuzeze, în cazul în care Consiliul Naţional al Audiovizualului dă câştig de cauză solicitantului, replica sau rectificarea în termenul şi în condiţiile comunicate radiodifuzorului.

(4) În preziua votării, radiodifuzorii trebuie să prevadă în program, imediat după

emisiunea informativă de seară, un spaţiu de emisie pentru difuzarea rectificărilor şi a replicilor ca urmare a sesizărilor care se referă la emisiunile difuzate în ultima zi de campanie.

ART. 74

(1) Radiodifuzorii trebuie să asigure înregistrarea emisiunilor destinate campaniei electorale în condiţiile stabilite de Consiliul Naţional al Audiovizualului.

(2) Înregistrările emisiunilor destinate campaniei electorale trebuie să fie ţinute la dispoziţia Consiliului Naţional al Audiovizualului, pe durata campaniei electorale şi timp de 30 de zile după comunicarea oficială a rezultatelor.

ART. 75

(1) Nerespectarea dispoziţiilor art. 63-74 atrage aplicarea sancţiunilor prevăzute de Legea audiovizualului nr. 504/2002, cu modificările şi completările ulterioare.

(2) Faptele se constată şi sancţiunile se aplică de Consiliul Naţional al Audiovizualului care se autosesizează sau poate fi sesizat de către cei interesaţi.

Deşi prevederile legislative sunt deosebit de stricte şi încearcă să asigure condiţii egale de participare a candidaţilor, realitatea perioadei în care ne aflăm ne arată o altă faţetă a lucrurilor.

În primul rând, majoritatea posturilor de televiziune şi radiodifuziune se află în zona de interes a unui partid sau altul, căutând astfel metode de favorizare a respectivei formaţiuni politice. O altă categorie de posturi de radiodifuziune sau de televiziune consideră perioada campaniei electorale o oportunitate de mărire a veniturilor, deşi legea interzice expres acest lucru. Pe de altă parte, această atitudine a posturilor radio-tv pune în faţa echipelor de campanie o sarcină deosebit de dificilă, şi anume aceea de a obţine spatii de emisie chiar în cazul în care formaţiunile politice sunt refuzate ferm, chiar cu încălcarea flagrantă a legii. Atitudinea posturilor de radio şi televiziune, aparent surprinzătoare, este bazată pe încrederea că nici un candidat nu va proceda la întocmirea de sesizări privind încălcările legii şi a normelor Consiliului Naţional al Audiovizualului pentru că se presupune că nici un candidat nu doreşte să devină o ţintă a mass-mediei.

Vom arăta în continuare o modalitate practică de evitare a prevederilor legale în aceste cazuri.

Postul de televiziune WWW TV (post inexistent, denumire aleatorie aleasă pentru explicarea mecanismului) este în zona de influenţă a cadidatului A membru al partidului PA.

În prima fază, conducerea postului rezervă pentru candidatul A şi pentru partidul PA cele mai folositoare zile şi tronsoane orare pentru transmiterea emisiunilor cu caracter electoral.

A doua fază este identificarea altor candidaţi care sunt consideraţi perdanţi din start şi a căror promovare pe postul de televiziune nu periclitează ţintele propuse de partidul PA.

A treia fază este identificarea candidaţilor din alte formaţiuni politice consideraţi caştigători siguri. Logica fazelor 2 şi 3 este aceea de a asigura participarea mai multor formaţiuni politice la programul de emisie propriu, în vederea prezentării către Consiliul Naţional al Audiovizualului a unei situaţii relativ echilibrate.

Totodata, în marea majoritate a cazurilor, conducerea postului WWW TV nu va transmite timpii de antena repartizaţi echipelor de campanie adverse, preferând pentru echilibrarea situaţiei prezentate la CNA să contacteze direct candidaţi ai acestor formaţiuni şi să îi introducă în grilă.

În plus faţă de acestea, acestor candidaţi (în marea lor majoritate consideraţi perdanţi) li se va oferi posibilitatea participării şi la alte emisiuni electorale cu condiţia încheierii unui contract de publicitate mascat. Valoarea acestor contracte variază, în funcţie de audienţa postului de televiziune şi de suma pe care candidatul este dispus să o platească şi poate pleca de la 500 Euro până la 10.000 Euro pe emisiune.

Din punct de vedere al candidatului şi al echipei sale de campanie, o asemenea atitudine a posturilor radio şi TV reprezintă o adevărată provocare şi cere multă măiestrie în gestionare precum şi fonduri financiare considerabile. Prevederile manualului de campanie în care echipa este sfătuită să direcţioneze timpii de antenă disponibili către anumiţi candidaţi cu şanse reale sau în alte zone critice nu mai pot fi aplicate şi tactica aleasă este în general cea a pierderilor minime, cu reconsiderarea eforturilor depuse în promovarea candidaţilor folosind celelalte mijloace de comunicare.

La cele prezentate mai sus există şi excepţii de la regulă, determinate de fapt de scopuri precise. Exemplul elocvent este al postului de televiziune Neptun TV din

Constanţa care nu a participat la campania electorală, prezentând doar ştiri administrative ale candidaţilor Radu Ştefan Mazăre (candidat USL la primăria municipiului Constanţa) şi Nicuşor Daniel Constantinescu (candidat USL pentru preşedinte al Consiliului Judeţean Constanţa). Acest comportament a blocat accesul celorlalţi candidaţi în spaţiul de emisie propriu, încetinindu-le astfel eventuala creştere a notorietăţii şi a intenţiei de vot.

Un alt caz deosebit îl reprezintă un post relativ nou de televiziune, Litoral TV din Năvodari, aflat în zona de influenţă a primarului Nicolae Matei, candidat pentru un nou mandat din partea Partidului Social Democrat. În acest caz, timpul aferent Partidului Social Democrat şi Uniunii Social Liberale a fost direcţionat exclusiv spre candidatul Nicolae Matei.

3.7. Maşini cu portavoce / maşini de transport în comun colate cu afişe ale candidatului / autoturisme cu remorcă publicitară

Aceste mijloace de transmitere a mesajelor electorale au mai mult un rol de creştere a notorietăţii şi de informare a populaţiei privind adunările publice, spectacole sau alte evenimente electorale. Folosirea acestor mijloace nu este reglementată în mod direct de legislaţia electorală, fiind aplicabile doar prevederile privind tipul de mesaj transmis.

3.8. Scrisori / mail-uri

Scrisorile şi mail-urile (care reprezintă de fapt o formă modernă de corespondenţă) prezintă particularitatea că pentru a putea fi folosite candidatul sau formaţiunea politică ar trebui să se afle în posesia unei baze de date, fapt de cele mai multe ori aflat cel puţin la limita legii. Exemplificăm aici campania de transmitere prin poştă de către candidatul la primăria Constanţa la alegerile locale din 10 iunie 2012, Christian Gigi Chiru, a unor scrisori adresate exclusiv pensionarilor în cadrul operaţiunii de împărţire a unor bonuri valorice pentru achiziţia de medicamente. În acest caz semnul de întrebare care a apărut în echipele de campanie adversare a fost dacă Christian Gigi Chiru este în posesia unei baze de date cu regim special (reglementat legal) şi modalitatea în care a fost obţinută.

Revenind la conţinutul scrisorilor / mail-urilor, din punct de vedere al mesajului transmis deosebim mesajele pozitive (folositoare candidatului), mesajele negative (informaţie reală şi dăunătoare contracandidatului) şi intoxicările (lansare de informaţii false menite să dezavantajeze contracandidatul). Pentru această ultimă categorie exemplificăm o tentativă de intoxicare petrecută la începutul campaniei electorale pentru alegerile locale din judeţul Constanţa când cu ajutorul unor mail-uri s-a încercat acreditarea existenţei unor stenograme ale unor presupuse discuţii dintre Ion Iliescu - Victor Ponta şi Victor Ponta – Crin Antonescu[32]. Observăm că de fapt iniţiatorii acestei acţiuni au încercat să folosească un precedent existent (stenogramele PSD din 2004) pentru a da credibilitate mesajului transmis.

3.9. Campanie de apeluri telefonice / sms-uri

Această metodă de transmitere a mesajelor electorale are o răspândire mult mai redusă, fiind folosită mai mult pentru ridicarea moralului echipei proprii în partea a doua a perioadei de campanie electorală şi de transmitere de dezinformări / provocări.

Exemplele cele mai noi sunt campania de sms-uri din preziua referendumului organizat în judeţul Constanţa în data de 6 noiembrie 2011 prin care s-a urmărit intimidarea membrilor birourilor electorale şi neprezentarea acestora în ziua votului precum şi campania de sms-uri din data de 8 iunie 2012 cu textul *„Dacă vrei 250 lei pentru votul tău vino cu buletinul astăzi la ora 20 la cortul Gigi Chiru din parcarea City Park Mall. Rog seriozitate şi discreţie"* destinată decredibilizării respectivului candidat şi eventualele cercetări penale împotriva acestuia.

3.10. Activitate pe reţelele de socializare (facebook şi tweeter), pagini de web şi bloguri

Apărută relativ recent în istoria campaniilor electorale, activitatea în spaţiul virtual s-a consacrat la alegerile din 2004 (locale, parlamentare şi prezidenţiale) fiind una din armele folosite de Felix Tătaru, proprietarul GMP Advertising, firma care s-a

[32] Anexa 6 – E-mail-uri campanie manipulare luna mai 2012, judetul Constanta – stenograme Ion Iliescu-Victor Ponta, Victor Ponta-Crin Antonescu

ocupat de campania electorală a candidatului Traian Basescu. Într-un mod surprinzător pentru celelalte formaţiuni politice aflate in competiţie electorală, folosirea spaţiului virtual a adus în cabina de votare un procentaj mult mai mare de tineri faţă de precedentele alegeri, marea lor majoritate votând Partidul Democrat şi candidaţii acestuia.

Cel mai recent exemplu privind campania electorală în spaţiul virtual este al candidatului independent la primăria generală a municipiului Bucureşti (alegerile locale din 10 iunie 2012) Nicuşor Dan[33], care a obţinut locul 4 cu 8,45% din voturi, folosind cu precădere platformele electronice de comunicare.

Acest caz al rezultatului obţinut de candidatul Nicuşor Dan a adus la lumină şi o prevedere legală care reprezintă o contradicţie. Conform legii, pentru a avea reprezentanţi într-un consiliu local, o formaţiune politică trebuie să obţină cel puţin 5% din voturile valabil exprimate. Acelaşi prag electoral este valabil în acelaşi timp şi pentru un candidat independent la respectiva primărie, dar din punct de vedere al mandatului de consilier (fiind candidat independent va beneficia de o poziţie separată pe buletinele de vot pentru consilieri). În cazul lui Nicuşor Dan, acesta a obţinut 8,45% voturi pentru funcţia de primar (deci cu mult mai mult decât pragul de 5%) dar doar 4,7% pe buletinele pentru funcţia de consilier. Pe cale de consecinţă, acest candidat nu va obţine nici mandatul de consilier. Acest aspect pare a nu fi echitabil, mai ales că prevederile legale permit existenţa unui caz ipotetic în care un candidat al unei formaţiuni politice să ajungă în posesia unui mandat de consilier în urma unor rezultate globale mult mai slabe (ex. 0,1% voturi la funcţia de primar cu 5,1% voturi la listele de consilieri, cu condiţia ca respectivul candidat să fie înscris primul pe lista de consilieri).

[33] http://www.romanialibera.ro/cultura/oameni/semnificatia-fenomenului-nicusor-dan-cum-a-obtinut-un-candidat-independent-mai-multe-voturi-decat-vanghelie-ontanu-chiliman-sau-boc-267482.html

Capitolul 4

Echipa de campanie

Subiect mai puţin tratat în literatura de specialitate, echipa de campanie poate reprezenta un atu important al candidatului în obţinerea victoriei. Aminteam la începutul lucrării de cazul Mircea Stănescu[34], cel care a "ratat" cu doar 0,42% obţinerea unui mandat de deputat la alegerile din 2008, fără a participa la vreo activitate electorală. Acest caz este de fapt un exemplu în ceea priveşte importanţa muncii depusă de echipa de campanie electorală; putem considera că scorul de 34,12% înscris în dreptul candidatului Mircea Stănescu este de fapt scorul obţinut exclusiv de echipa de campanie.

În mod uzual echipele de campanie sunt alcătuite din persoane care se cunosc între ele, îşi cunosc limitele şi competenţele, un element important fiind încrederea între membri.

În marea lor majoritate, echipele de campanie sunt organizate piramidal iar o parte din competenţe sunt delegate de către cel aflat formal la conducere. Echipa este organizată pe compartimente (sau departamente, denumirile fiind alese arbitrar de formaţiunile politice implicate în campaniile electorale) subordonate şefului de campanie electorală.

Principalele departamente care compun echipa de campanie sunt :

- Departamentul organizare evenimente
- Departamentul relaţii cu presa
- Departamentul juridic
- Departamentul coordonare echipe de voluntari
- Departamentul financiar
- Departamentul coordonare activitatea filialelor locale

---

[34] Alegeri generale 30 noiembrie 2008 – Camera Deputaţilor – rezultate Colegiul 5 judeţul Constanţa - Zanfir Iorguş (PD-L) – 34,54%, Mircea Stănescu (PSD) – 34,12%, Ionel Spătaru (PNL) – 11%

Conform unor experienţe din campaniile electorale derulate în perioada 2004 – 2012, considerăm ca o atenţie deosebită trebuie acordată stabilirii modalităţii în care o informaţie venită din exterior este transmisă membrilor echipei de campanie.

Lipsa unor proceduri clare şi a unei discipline conduce uneori la dezinformări, la lipsa unei reacţii rapide în situaţii critice, la ratarea unor oportunităţi, etc. Totodată, lipsa de informaţii despre situaţia reală din teren sau despre activităţile competitorilor electorali conduce la decizii greşite prin evaluarea inexactă a situaţiei. Deasemeni, nerespectarea procedurilor poate conduce la alerte repetate relativ la un singur incident.

Informaţiile incomplete (faţă de realitate) reprezintă deasemeni un pericol pentru eficacitatea echipei, mai ales când informaţia este completată cu elemente neverificate (trebuie menţionat că orice informaţie despre un incident care este transmisă oral suferă transformări prin adăugarea unor elemente pe care fiecare persoană le consideră fireşti în situaţia respectivă dar care nu sunt confirmate în teren).

Realitatea arată că o echipă oricât de experimentată ar fi (privind prin prisma calităţilor şi competenţelor membrilor evaluaţi separat) poate avea rezultate dezastruoase în cazul unei intoxicări venite din exterior dacă nu are pus la punct un sistem de circulaţie şi verificare a informaţiilor foarte bine pus la punct.

Un alt aspect neglijat de marea majoritate a candidaţilor este asigurarea cu informaţii despre contracandidaţi şi despre activităţile pe care aceştia le derulează. Majoritatea candidatilor reacţionează doar în momentul în care unul dintre contracandidaţi îl calomniază în spaţiul public. Ţinerea sub observaţie a contracandidaţilor pe toată perioada campaniei electorale poate furniza informaţii utile, începând de la identificarea punctelor slabe ale acestora până la anticiparea unor acţiuni.

Capitolul 5
Mita electorală

Mita electorală în istoria alegerilor din România este o prezenţă mai mult sau mai putin recunoscută de clasa politică, cu excepţia perioadelor de regim totalitar (plebiscitele din perioada regimului Antonescu şi a scrutinelor organizate de regimul comunist). Aceste două excepţii sunt explicate prin natura regimului existent care încerca prin consultarea populaţiei să legitimeze o serie de măsuri deja luate, indiferent de rezultatul real al scrutinelor, pe cale de consecinţă, indiferenţa şi natura regimului care conducea România făcea ilogică darea de mită. Deşi este uşor ilar, constatăm că fenomenul profund imoral al mitei electorale este apanajul alegerilor democratice.

Din punct de vedere cultural este de menţionat faptul că Romania s-a aflat o perioadă foarte lungă de timp sub influenţa otomană, zonă în care existenţa micilor atenţii, bacşişul şi mita erau şi au rămas până în zilele noastre o stare de normalitate.

În decursul vremii, constatăm că mita electorală a fost consemnată în legile care au reglementat procesul electoral.

Spre exemplu, Legea electorală promulgată în anul 1864 de Alexandru Ioan Cuza prevedea că...

Art. XXXII. Ori cine se va dovedi cã a cumpãrat sau a vîndut un sufragiu, cu orice pretu ar fi, se va pedepsi cu interdictiunea dreptului de a vota si de a fi eligibil. precum si cu acea a dreptului de a putea ocupa o functiune sau serviciu publicu, pe timp de 5 ani cel putinu pânã la 10 ani cel mult.

Vîndãtorul si cumpãrãtorul sufragiului, se vor osîndi tot-de-o-datã, fie care la o globire îndoitã a valorei lucrurilor priimite san fãgãduite.

75 de ani mai târziu, articolul 55 din Legea electorală pentru Adunarea Deputaţilor şi Senat promulgată în data de 9 mai 1939 prevedea...

Acela care se va dovedi ca a cumparat votul sau abtineri la vot, precum si acei ce si-au vandut votul se vor pedepsi cu inchisoarea dela 3 luni la un an si cu amenda dela 500 la 5000 lei.

În fapt, o analiză a legislaţiei din perioada comunistă ne arată că ţi Legea 67/1974 sancţiona eventuala mită electorală prin prisma falsificării votului generat astfel.

Legea electorala a Republici Socialiste Romania, Legea 67/1974
ART. 104
Se pedepseşte cu închisoare de la 6 luni la 5 ani şi interzicerea unor drepturi:
a) împiedicarea prin orice mijloace a liberului exerciţiu al dreptului de a alege sau de a fi ales;
b) falsificarea prin orice mijloace a lucrărilor electorale sau a rezultatului votului.
Tentativa se pedepseşte.

În prezent infracţiunea de mită electorală este prevăzută separat, cu un text aproape identic în toată legislaţia electorală (Legea 67 / 2004 pentru alegerea autorităţilor administraţiei publice locale, Legea nr. 35/2008 pentru alegerea Camerei Deputaţilor şi a Senatului, Legea nr. 33/2007 privind organizarea şi desfăşurarea alegerilor pentru Parlamentul European, Legea nr. 370/2004 pentru alegerea Preşedintelui României).

Legea 67 / 2004 pentru alegerea autorităţilor administraţiei publice locale
Art. 109
Promisiunea, oferirea sau darea de bani, bunuri ori alte foloase în timpul campaniei electorale, precum si în scopul determinării alegătorului să voteze sau să nu voteze o anumită listă de candidati ori un anumit candidat pentru functia de primar, consilier sau de presedinte al consiliului judetean, precum si primirea acestora de către alegători constituie infractiuni si se pedepsesc cu închisoare de la 6 luni la 5 ani.

Legea nr. 35/2008 pentru alegerea Camerei Deputaţilor şi a Senatului

Art. 55 - (1) Promisiunea, oferirea sau darea de bani, bunuri ori de alte foloase în scopul determinării alegătorului să voteze sau să nu voteze un anumit competitor electoral ori un anumit candidat, precum şi primirea acestora de către alegător, în acelaşi scop, constituie infracţiuni şi se pedepsesc cu închisoare de la 6 luni la 5 ani.

(2) Tentativa se pedepseşte.

(3) Nu intră în categoria bunurilor prevăzute la alin. (1) bunurile cu valoare simbolică, inscripţionate cu însemnele partidului respectiv.

Legea nr. 33/2007 privind organizarea şi desfăşurarea alegerilor pentru Parlamentul European

Art. 223 - (1) Promisiunea, oferirea sau darea de bani, bunuri ori alte foloase în scopul determinării alegătorului să voteze ori să nu voteze o anumită listă de candidaţi sau un anumit candidat independent, precum şi primirea acestora de către alegător, în acelaşi scop, constituie infracţiuni şi se pedepsesc cu închisoare de la 6 luni la 5 ani.

(2) Tentativa se pedepseşte.

(3) Nu intră în categoria bunurilor prevăzute la alin. (1) bunurile cu valoare simbolică, inscripţionate cu însemnele partidului respectiv.

Legea nr. 370/2004 pentru alegerea Preşedintelui României

Art. 264) - (1) Oferirea sau darea de bani, bunuri ori alte foloase în scopul determinării alegătorului să voteze ori să nu voteze un anumit candidat se pedepseşte cu închisoare de la 6 luni la 5 ani şi interzicerea exercitării unor drepturi.*

(2) Nu intră în categoria bunurilor prevăzute la alin. (1) bunurile cu valoare simbolică, inscripţionate cu însemnele unei formaţiuni politice.

Deşi informaţiile privind cazurile de mită electorală abundă în perioada campaniilor electorale, cazurile finalizate în sensul aducerii făptaşilor în faţa instanţei sunt foarte rare din mai multe motive. În primul rând, infracţiunea de mită electorală este mai greu de probat, cu excepţia cazurilor în care se poate organiza un flagrant sau dacă există un autodenunţ.

Problema majoră privind vicierea rezultatului scrutinului este că perioada de timp necesară instrumentării cazurilor de mită electorală este întotdeauna mult mai mare decât perioada de timp rămasă până la ziua votului. În plus, de obicei sunt depistaţi intermediarii dintre candidat şi alegători, nefiind totdeauna posibilă dovedirea implicării candidatului în activitatea infracţională.Pe de altă parte, cele mai răspândite cazuri de mită electorală sunt cele în care sunt oferite alegătorilor bunuri (alimente, haine, excursii, bonuri valorice sau vouchere, etc), cazuri în care o documentare este mult mai greoaie, necesitând un volum de activitate considerabilă. În acelaşi timp, majoritatea competitorilor electorali, deşi depun sesizări la Birourile electorale sau Plângeri penale, nu aduc destule probe folositoare organelor de cercetare penală.

Din nefericire, nu există în acest moment o situaţie clară privind amploarea acestui fenomen nici la nivel de instanţe sau organe de urmărire penală, nici la nivelul Autorităţii Electorale Permanente, datele existente nefiind evidenţiate separat şi nici confruntate de către instituţiile care ar putea gestiona fenomenul.

Cazul pe care dorim să îl prezentăm în continuare este unul mai deosebit, puţin cunoscut încă, deşi poate deveni un caz de referinţă în domeniu. Vom prezenta în continuare modul în se presupune (până la o decizie definitivă şi irevocabilă a instanţelor) că a obţinut mandatul de primar al comunei Cogealac din judeţul Constanţa candidatul Cati Hristu la alegerile locale din anul 2008.

Conform datelor din dosarul 1943/118/2012 aflat pe rolul Tribunalului Constanţa, în perioada decembrie 2007 – octombrie 2008, CATI HRISTU a convins mai multe persoane să contracteze credite de la BCR Tulcea şi BCR Ovidiu folosind acte false (adeverinţe de venit, etc). Sumele împrumutate au fost predate lui CATI HRISTU (în total 479.500 RON şi 40.000 EURO) care a promis că va achita ratele în numele titularilor de credit. Ulterior, acesta nu a mai plătit ratele, drept urmare peste 30 de familii din Cogealac sunt pe punctul de a-şi pierde casele urmând a fi executate silit.

Cu banii obţinuţi, CATI HRISTU a finanţat o parte din operaţiunea de mituire a alegătorilor din comuna Cogealac pentru obţinerea mandatului de primar la alegerile locale din 2008 şi a achiziţionat peste 800 de hectare în vederea închirierii/revânzării acestora firmelor care urmau să amplaseze centrale eoliene.

În ceea ce priveşte mituirea alegătorilor din comuna Cogealac, conform datelor obţinute de anchetatori (Ordonanţa din dosarul nr. 1832/P/2010 emisă de Parchetul de pe lângă Tribunalul Constanţa[35]), suma totală pe care CATI HRISTU a împărţit-o la 1800 de alegători a fost de 9 miliarde lei vechi, echivalentul a 5 milioane lei vechi pentru fiecare alegător.

Pentru aducerea la îndeplinire a planului de mituire a alegătorilor, CATI HRISTU s-a folosit de un număr de 19 intermediari care ofereau ofereau sumele de bani cetăţenilor. Pentru recompensarea intermediarilor, după câştigarea alegerilor, un număr de 8 persoane dintre aceştia au fost validaţi drept consilieri locali în Consiliul Local Cogealac.

În cadrul aceleiaşi cercetări penale, procurorii au descoperit indicii temeinice privind implicarea în finanţarea operaţiunii de mituire a alegătorilor a S.C. EOLICA CONSTANŢA S.R.L., explicându-se astfel comportamentul lui CATI HRISTU şi al grupului său faţă de alţi investitori în zonă, respectiv mobilul acţiunii lor din data de 26 iulie 2010 când aceştia au intrat pe terenul pe care grupul CEZ încercând prin forţă şi ameninţări să sisteze investiţiile grupului ceh şi atacând agenţii de pază. Aceste ultime fapte au fost cercetate de procurori iar dosarul se află pe rolul Judecătoriei Constanţa cu numărul 32846/212/2010 (instigare publică şi apologia infracţiunilor).

Dosarul *Alegeri locale Cogealac 2008* a fost transmis instantei abia pe data de 12 iunie 2012 (dosarul 14919/212/2012 aflat pe rolul Judecatoriei Constanta, obiectul dosarului: abuz în serviciu contra intereselor publice (art.248 C.p.) alin.1 - art.109 alin.1 din Legea nr.67/2004 - art,246 C.p.- art.250 C.p.- art.193 C.p.- art.288 alin.1 pct.2 C.p.- art.291 C.p - art.180 alin.1,2 C.p. toate cu aplic. art.33 lit.a C.p.

Concluzia pe care o putem trage este că sistemul actual permite asemenea cazuri în care o infracţiune sesizată (cel puţin din documentele pe care le avem la dispoziţie) în data de 2 noiembrie 2010 şi soluţionată în parte pe data de 18 februarie 2011 (scoaterea de sub urmarirea penală şi aplicarea de sancţiuni administrative pentru un număr de 135 de persoane care au primit mită electorală şi disjungerea cauzei în vederea finalizării cercetărilor pentru alte 16 persoane) să ajungă în faţa instanţei abia pe 12 iunie 2012.

Cu alte cuvinte, sistemul existent permite unui grup (încă doar presupus

[35] Anexa 2 - Dosarul nr. 1832/P/2010 – Parchetul de pe langa Tribunalul Constanta – Ordonanta procurorului din

infracţional la această oră) să câştige un mandat de primar şi 8 mandate de consilieri locali (adică să deţină controlul unui consiliu local), să conducă destinele unei comunităţi timp de 4 ani şi să participe şi la următoarele alegeri locale.

Un al doilea caz[36], de data aceasta atipic din punct de vedere al infracţiunii de mită electorală aşa cum este ea definită în legile speciale şi aşa cum este ea percepută, este cel al celor 26 de basculante de mare tonaj umplute cu piatră care au fost transportate în comuna Bărăganu judeţul Constanţa în data de sâmbătă 16 aprilie 2011, de fapt în prima zi de campanie electorală pentru alegerile parţiale (alegeri pentru mandatul de primar în urma decesului primarului Constantin Benţea).

În fapt, organizaţia judeţeană a Partidului Democrat Liberal a oferit comunităţii comunei Baraganu o cantitate de piatră destinată pietruirii uliţelor estimată la 520 de tone. În cazul de faţă, în lipsa asumării ferme (cu valoare juridică) de către o persoană fizică a faptei de oferire a acestor bunuri, simplul fapt că respectivul convoi era însoţit de lideri judeţeni ai Partidului Democrat Liberal reprezintă o prezumţie logică cum că această persoană juridică este autoarea faptei, existând bineînţeles şi posibilitatea identificării unor persoane cu responsabilităţi mai mici sau mai mari în luarea deciziei şi / sau punerea ei în practică.

Comparativ cu accepţiunea clasică a mitei electorale unde există mituitorul şi mituitul, în acest caz constatăm că nu putem identifica o persoană fizică sau juridică care să îndeplinească condiţiile necesare încadrării în categoria mituit. Bunurile oferite au fost de fapt oferite comunităţii în întregul ei, cetăţenii luaţi individual neputând fi incadraţi la definiţia clasică de mituit (bunurile au fost depozitate pe spaţiul public, nu pe proprietăţi private, nu au fost înmânate cetăţenilor, etc). Pe de altă parte, folosul obţinut de cetăţeni în mod individual, chiar dacă este indirect, există şi se referă la creşterea nivelului condiţiilor de viaţă (pietruirea drumurilor de pământ din localitate).

Din punct de vedere al mituitorului, programarea acţiunii în prima zi de campanie, într-o zi nelucrătoare (când toţi locuitorii se află acasă), în mod concentrat (convoi de 26 maşini), în prezenţa liderilor formaţiunii politice, corectitudinea prezumţiei că acţiunea a avut ca scop obţinerea de voturi este evidentă.

Simplificând raţionamentul, formaţiunea politică a oferit bunuri cu valoare

[36] Anexa 7 - Plangere penala Consiliul Judetean Constanta – dosar 221/P/2011 – 150/P/2012

determinabilă şi care au rămas în interiorul teritoriului ocupat de comunitate, generând foloase indirecte indivizilor, mizând pe obţinerea voturilor. Pe cale de consecinţă, putem afirma că acest caz este tot unul de mită electorală.

Capitolul 5
Studiu de caz

Alegerile locale din 10 iunie 2012 - alegerile pentru Consiliul Judeţean Constanţa -Echipa PSD din cadrul Uniunii Social Liberale

Ca orice alegeri locale, deşi există două seturi de buletine de vot (prntru alegerea preşedintelui şi pentru alegerea listei de consilieri) strategia de campanie şi campania propriuzisă este unitară.

Din punct de vedere al desemnării candidatului, candidatura a fost asumată de Nicuşor Daniel Constantinescu (membru PSD şi ocupant al funcţiei din anul 2004) şi acceptată de partenerul de alianţă PNL.

Constituirea listei comune de consilieri judeţeni PSD – PNL s-a făcut la paritate pentru asigurarea unui raport de 3:1, pentru respectarea situaţiei existente în Consiliul Judeţean Constanţa în mandatul 2008 – 2012[37].

Desemnarea persoanelor pe listele de propuneri pentru consilieri judeţeni s-a făcut respectând criterii folosite şi în trecut precum experienţa în exercitarea mandatului de consilier judeţean, calităţile şi expertiza fiecăruia, zona de influenţă[38], etc.

Scopul propus la nivel de USL a fost de a obţine o majoritate confortabilă în plenul deliberativ (minim 25 de mandate) pentru a putea promova fără probleme orice tip de hotărâri. Din punct de vedere strict al PSD, a apărut o uşoară îngrijorare referitor la o întărire evidentă a PNL[39] pe plan local, îngrijorare care are în vedere viitoarele alegeri parlamentare şi momentul (neprecizat şi ne-estimat încă) în care Uniunea ar

---

[37] Componenţa CJC în mandatul 2008 – 2012: PSD 20 mandate, PNL 7 mandate, PDL 9 mandate (1 mandat nu a fost utilizat datorită nevalidării propunerii PDL de către plenul CJC în perioada 2008 - 2012)

[38] Există cazul consilierului judeţean PSD Mihai Pariza care a renunţat să se mai înscrie pe liste ca urmare a unei hotărâri mai vechi de a se retrage din motive de vârstă înaintată.

[39] Trecerea în data de 2 mai 2012 a unor primari PDL în rândul PNL: Mugur Mitrana din 23 August, Traian Cristea din Costineşti, Florin Mitroi din Valu lui Traian, Gheorghe Moldovan din Albeşti şi Viorel Bălan din Nicolae Bălcescu

urma să se destrame.

Din punct de vedere al abordării atitudinii faţă de contracandidat s-au luat în considerare următoarele:

- PP-DD va accede în Consiliul Judeţean Constanţa având ca principal instrument cota de audienţă a postului de televiziune OTV al lui Dan Diaconescu, indiferent de numele şi calitatea persoanelor, sondajele de opinie comandate în diverse localităţi în perioada martie – aprilie indicând un interval de intenţie de vot între 7 şi 15 %. Evaluarea componenţei echipei PP-DD nu oferă nici un indiciu că ar exista pericolul iniţierii unor intoxicări sau manipulări cu efecte masive în rândul electoratului. Având în vedere aceste date s-a considerat că situaţia trebuie acceptată ca atare, mai ales că PP-DD poate deveni în viitor un element tip "balama"[40].
- PDL este în pragul colapsului, bazinele electorale importante precum Valu lui Traian, 23 August, Costineşti, Nicolae Bălcescu fiind transferate către PNL din data de 2 mai. Singura breşă existentă şi utilizabilă de PDL rămâne în municipiul Constanţa în ideea că acest partid va găsi în timp util o temă de campanie care să convingă o categorie socială bine definită. Datorită evenimentelor din trecutul recent, datele obţinute în sondajele de opinie nu se mai pot aplica. Evaluarea echipei PDL este dificilă datorită schimbărilor zilnice (dezertări) şi neînţelegerilor între liderii locali. Candidatul pentru Consiliul Judeţean Constanţa este un necunoscut pentru judeţ[41], rolul de locomotivă fiind asumat de candidatul la primăria Constanţa, Christian Gigi Chiru, singurul cu o notorietate semnificativă. Evaluarea nu a identificat posibilitatea unor atacuri mediatice semnificative sau a unor manipulări de succes.
- UNPR a desemnat candidat la funcţia de preşedinte CJC un personaj total necunoscut în judeţ[42] care pare a întruni toate defectele ce pot fi identificate la un candidat cu jumătate din alegători situaţi în zonă rurală:

[40] Termenul de "balama" reprezintă acea formaţiune politică de mici dimensiuni, cu un număr mic de mandate dar care este folositor pentru oricare parte pentru obţinerea unei majorităţi.

[41] Alegeri locale 10 iunie 2012 – Florin Gheorghe (fost consilier local municipal Constanţa din partea PDL) a fost desemnat candidatul ApC pentru preşedinte Consiliu Judeţean Constanţa

[42] Alegeri locale 10 iunie 2012 – Harry Michelle Boiagian a fost desemnat candidatul UNPR pentru preşedinte Consiliu Judeţean Constanţa

nume occidental, tipul "spilcuit", limbaj elevat inadecvat în zona rurală. Locomotiva UNPR în aceste alegeri va rămâne Claudiu Iorga Palaz care a hotărât să candideze pentru primăria Constanţa anunând acest lucru în ultimul moment[43], bulversând PDL care se aştepta ca acesta să candideze la Consiliul Judeţean şi să încheie astfel un parteneriat pe perioada campaniei electorale. Din punct de vedere al zonei rurale UNPR nu este creditat cu posibilităţi de obţinere a unui vot semnificativ (excepţie fiind comuna Peştera[44]), singura zonă de acţiune rămânând municipiul Constanţa. Evaluarea relevă potenţialul grupului de a planifica manipulări şi atacuri mediatice. Din punct de vedere post-electoral, prezenţa unor consilieri UNPR în plenul Consiliului Judeţean Constanţa ar putea complica lucrurile prin întărirea acestei formaţiuni politice.

Această analiză a situaţiei ne-a adus în faţa unei situaţii paradoxale în care candidatul USL la funcţia de preşedinte al Consiliului Judeţean Constanţa nu va avea practic nici un competitor semnificativ, rezultatul ulterior confirmând analiza noastră[45].

Următorul pas a fost stabilirea sloganului, a mesajelor şi a programului de campanie, folosindu-se în linii mari aceeaşi echipă de la alegerile precedente (inclusiv referendumuri). Datorită importanţei voturilor din municipiul Constanţa s-a luat decizia centralizării sesizărilor generatoare de posibile plângeri către BEJ sau Parchete de către un singur departament juridic absorbindu-se de către echipa judeţeană a departamentului juridic de la municipiu.

Sloganul a fost preluat din campaniile precedente, cu modificările de rigoare (*Votezi PSD, votezi pentru tine !!!* transformat în *Votezi USL, votezi pentru tine !!!*).

S-a stabilit ca panotajul să se facă în mod exponenţial, primele 10 zile de campanie fiind alocate doar panourilor oferite de primării şi intersecţiilor principale, urmând ca în partea a doua a perioadei să se ajungă la numărul maxim de materiale afişate.

---

[43] 1 mai 2012, ultima zi de depunere a candidaturilor.
[44] Înregistrare video conferinţă de presă ţinută marţi 01 noiembrie 2011 – colecţie MCC

[45] Rezutate alegeri pentru preşedintele CJC 10 iunie 2012 - Nicuşor Daniel Constantinescu (USL) - 60,37% Florin Gheorghe (PDL) - 16,70% Vasiliev Marian (PP-DD) - 10,73% Harry Michelle Boiagian (UNPR) - 3,75% Radu Comănici (PRM) - 2,31% Dumitru Bădrăgan (PER) - 2,05% Tudorel Chesoi (PNŢCD) - 1,27% Emil Colodiuc (PV) - 1,02% Valeriu Băncescu (PP) - 0,90% Oleg Danovski (PUER) - 0,86%

Timpii de emisie obţinuţi în contul USL şi PSD au fost direcţionaţi către candidaţii problemă şi cei cu potenţial. Precizăm că pe toată perioada campaniei electorale, candidatul Nicuşor Daniel Constantinescu nu a participat la nici o emisiune electorală radio sau tv.

Stabilirea temelor de campanie s-a făcut în conformitate cu Raportul de mandat[46]

.

Având în vedere atenţia acordată zonei municipiului Constanţa s-a pus accent pe inaugurări oficiale ale noilor secţii ale Spitalului Clinic Judeţean de Urgenţă Constanţa[47].

S-a stabilit calendarul activităţilor electorale pe zile şi ore, urmărindu-se ca în fiecare zi să se poată oferi presei neimplicate în campania electorală a unor ştiri de ordin administrativ. Traseele au fost întocmite în aşa fel încât să se reducă timpii morţi şi să se poată obţine un număr de vizite cât mai mare în localităţile judeţului.

În perioada campaniei, departamentul de relaţii cu presa a monitorizat toate apariţiile celor doi lideri tip locomotivă în eventualitatea lansării vreunui atac din partea acestora.

În mod surprinzător, cei doi lideri (Christian Gigi Chiru şi Claudiu Iorga Palaz) care ar fi putut aduce voturi pentru listele proprii la Consiliul Judeţean Constanţa au comis o serie de greşeli fundamentale.

Christian Gigi Chiru s-a axat pe segmentul de pensionari din municipiul Constanţa ignorând că acesta este un votant tradiţional al echipei Radu Ştefan Mazăre – Nicuşor Daniel Constantinescu. Operaţiunea de acordare a unor bonuri valorice pentru achiziţia de medicamente a fost sesizată de instituţiile abilitate şi asimilată cu infracţiunea de mită electorală, începându-se astfel cercetările. În acelaşi timp, Christian Gigi Chiru s-a lăsat antrenat (sau a făcut-o cu intenţie) într-un război mediatic cu Claudiu Iorga Palaz, consumându-şi energiile într-un mod inutil.

Claudiu Iorga Palaz a început împrăştierea materialelor de campanie înainte de termenul legal[48] infirmând astfel în faţa opiniei publice renumele pe care a dorit să şi-l impună în ultimii ani de persoană care respectă cu stricteţe legea. În continuare, pe

[46] Anexa 8 - Raport de activitate al preşedintelui Consiliului Judeţean Constanţa Constantinescu Nicuşor Daniel şi al consilierilor judeţeni PSD în manadtul 2008 – 2012, draft intermediar.

[47] Secţiunea 3 - Raport de activitate al preşedintelui Consiliului Judeţean Constanţa Constantinescu Nicuşor Daniel şi al consilierilor judeţeni PSD în manadtul 2008 – 2012, draft intermediar.

[48] http://www.alegeri-locale-constanta-2012.blogspot.ro/2012/05/vajnicul-aparator-al-legii-ciorditor-la.html

parcursul campaniei electorale acesta a avut un comportament (prin declaraţii şi atitudine) prin care lăsa să se înţeleagă că este nedreptăţit şi prigonit de autorităţile locale. Această imagine care contrasta puternic cu imaginea din urmă cu 6 luni când era Prefect al judeţului Constanţa i-a adus deservicii suplimentare.

În plus, Claudiu Iorga Palaz a transformat campania electorală într-o arenă de luptă cu Christian Gigi Chiru, acuzându-se reciproc de aranjamente subterane cu echipa PSD.

Tentativele de manipulare în această campanie electorală au fost şi ele prezente, dar la un nivel redus din punct de vedere al alegerii Consiliului Judeţean. Amintim episodul e-mail-urilor[49], cel al somaţiilor false de la Medgidia[50] (care ar fi putut afecta voturile obţinute în acest municipiu, paternitatea operaţiunii fiind atribuită PDL ca fiind singura formaţiune politică ce ar fi putut obţine un avantaj) precum şi vasta operaţiune de împrăştiere în zona de nord a municipiului Constanţa în noaptea de 9 spre 10 iunie a unei cantităţi impresionante de fluturaşi neasumaţi[51], în trei categorii: 1 model conţinând atacuri la adresa candidatului Radu Ştefan Mazăre, 1 model conţinând atacuri la adresa candidatului Christian Gigi Chiru şi 1 model conţinând sloganuri folosite în campanie de Claudiu Iorga Palaz.

În concluzie, în această campanie electorală USL nu a avut un contracandidat real în competiţie, competitorii plecând dezavantajaţi din start şi făcând greşeli elementare pe parcursul celor 30 de zile.

Scopurile propuse la începutul campaniei electorale au fost atinse cu uşurinţă, mai ales că a fost acordată o atenţie sporită evitării comiterii oricăror tipuri de greşeli.

---

[49] Anexa 6 – E-mail-uri campanie manipulare luna mai 2012, judetul Constanta – stenograme Ion Iliescu-Victor Ponta, Victor Ponta-Crin Antonescu

[50] Anexa 1 – Cazul somaţiilor false emise în numele primăriei municipiului Medgidia – alegeri locale 10 iunie 2012

[51] Anexa 9 – fluturaşi împrăştiaţi în zona de nord a municipiului Constanţa în nopatea dinspre 9 spre 10 iunie 2012

Concluzii

Observaţiile pe parcursul mai multor cicluri electorale (în cazul de faţă derulate pe perioada 2004 – 2012) ne arată interdependenţa dintre campaniile electorale, indiferent pentru care tip de alegeri au fost organizate. În fapt, suntem în faţa unui proces complex şi continuu în care o greşeală comisă într-o campanie electorală pentru alegeri locale în anul 2008 poate produce efecte negative în rezultatul alegerilor parlamentare din anul 2012.

Deşi unii autori sau specialişti consideră campania electorală limitată în timp, comportamentul politicienilor ne demonstrează că toată activitatea lor este gestionată premeditat timp de 4 ani pentru atingerea unui maxim fructificabil în scor electoral în momentul alegerilor.

Deşi clasa politică a adoptat un set de legi deja foarte stufos în domeniul electoral, modul în care se desfăşoară campaniile electorale nu diferă de fapt cu nimic de modul anilor 1900 descris de I.L. Caragiale sau redat de Grigore Vasiliu Birlic.

Din punct de vedere al eficienţei legislaţiei electorale în ceea ce priveşte modul de desfăşurare a campaniei electorale considerăm că există de fapt un consens al clasei politice de a lăsa în continuare portiţe pentru influenţarea electoratului prin metode pe care formal, aceeaşi clasă politică le condamnă.

În acelaşi timp, lipsa de colaborare reală între instituţiile statului conduce la lipsa de celeritate în rezolvarea unor situaţii care viciază în mod brutal rezultatul votului. Considerăm că exemplul Cogealac – 2008 este un semnal de alarmă atât pentru clasa politică dar şi pentru instituţiile statului. Pe de altă parte, cazul Cogealac este primul care a fost finalizat din punct de vedere al cercetării penale şi adus în faţa instanţei de judecată, acest lucru neînsemnând că este un caz singular.

Există în continuare multe aspecte negative care ţin în mod direct de modul de organizare şi desfăşurare a campaniilor electorale precum: folosirea resurselor instituţiilor publice în campania electorală, încetinirea sau chiar blocarea activităţii unor instituţii publice, amânarea luării unor decizii în domeniul economic sau social (sau chiar în justiţie) în preajma perioadei alegerilor, etc. Aceste aspecte sunt reale, cunoscute şi asumate de clasa politică dar necunoscute şi doar resimţite de alegător.

BIBLIOGRAFIE

Alfred Bulai – *Mecanismele electorale ale societăţii româneşti* – editura Paideia 1992

Cristian Preda - *Rumânii fericiţi – Vot şi putere de la 1831 până în prezent* – editura Polirom

Bogdan Teodorescu, Dorina Guţu, Radu Enache - *Cea mai buna dintre lumile posibile - Marketingul politic in Romania (1990 - 2005)* – editura Comunicare.ro 2005

Bogdan Teodorescu – *Cinci milenii de manipulare* – editura Tritonic 2007

Barbu Ştefănescu Delavrancea – *Guvern, prefecţi şi deputaţi – analiză electorală* – tipografia Voinţa Naţională – ediţia 1890

Alexandru Marghiloman – *Note politice 1897 - 1924* – Editura Institutului de arte grafice Eminescu ediţia 1927

Legea electorală din 2/19 iulie 1864

Legea electorală pentru Adunarea Deputaţilor şi Senat din 9 mai 1939

Legea nr. 560 din 13 iulie 1946 privitor la alegerile pentru Camera Deputaţilor

Legea nr. 3/2000 privind organizarea şi desfăşurarea referendumului

Legea 67 din 2004 privind alegerea autorităţilor administraţiei publice locale

Legea 35/2008 pentru alegerea Camerei Deputaţilor şi Senatului

Colecţie proprie înregistrări video conferinţe de presă perioada aprilie 2011- aprilie 2012

Colecţia *Monitorul Oficial al României* – anul 2010

Colecţia cotidianului *Scânteia* – anul 1946

Colecţia *Farul Constanţei* – anii 1904 -1907

Colecţia *Aurora Dobrogei* – 1937

Academia Română – *Publicaţiunile periodice româneşti* 1820 – 1906 – ediţia 1913

Colecţia cotidianului *Jurnal de Constanţa* – martie, aprilie, mai 2004

Corespondenţe USL Constanţa / mass-media – luna mai 2012

Oficiul de Stat pentru Invenţii şi Mărci – bază de date

Biroul Electoral Constanţa – documente emise în iunie 2012

Autoritatea Electorală Permanentă – rezultate alegeri şi rapoarte cheltuieli formaţiuni politice

Consiliul Judeţean Constanţa – Revista presei (documente interne) 2004 - 2012

Consiliul Naţional al Audiovizualului – reglementări şi rapoarte diverse

ANEXA 1

Cazul somațiilor false emise în numele primăriei municipiului Medgidia - alegeri locale iunie 2012

PRIMĂRIA MUNICIPIULUI MEDGIDIA
905600, Str .Decebal, nr.35,
tel 0241/820800, fax 0241/810619
e-mail: primaria_medgidia@yahoo.com
www.emedgidia.ro

Nr. 10895 / 07.06.2012

Catre

Parchetul de pe langa Judecatoria Medgidia

Domnului Prim Procuror

07.06.2012

Subsemnatul Marian Iordache in calitate de Primar al Municipiului Medgidia cu sediul in Medgidia str. Decebal nr. 35, in temeiul dispozitiilor art. 222 Cod procedura penala formulez urmatoarea:

PLANGERE PENALA

privind savarsirea urmatoarelor infractiunii prevazute de Codul penal dupa cum urmeaza: falsificarea instrumentelor oficiale art. 286 Cod penal, fals material in inscrisuri oficiale art. 228 Cod penal, uz de fals art. 291 Cod penal si fals privind identitatea art. 293 Cod penal.

In fapt,

In data de 07.06.2012 la sediul Unitatii Administrativ Teritoriale Medgidia din strada Decebal nr. 35 , la Serviciul Taxe si Impozite s-au prezentat personal, cetateni indignati si nemultumiti de faptul ca au fost instiintati la adresele de domiciliu , ca figureaza in evidentele Primariei Municipiului Medgidia cu debite neachitate la plata taxelor si impozitelor locale, in conditiile in care unii dintre acestia isi achitasera debitele integral in termen, iar altii aveau debite, dar foarte mici in comparatie cu sumele aratate in falsele somatii.

Cetatenii au venit cu somatiile si plicurile postale primite si au cerut explicatii cu privire la acestea, fiind nemultumiti de presupusa atitudine a primarului si a aparatului de specialitate raportat la aceste somatii eronate adresate lor, sugerand critic faptul ca banii contribuabililor sunt cheltuiti nejustificat pe aceste instiintari ireale, conducand si la deranjul emotional al cetatenilor.

Analizand inscrisurile prezentate de cetateni am constatat urmatoarele:

- formularul somatie este un model vechi abrogat de legislatia in vigoare, in prezent nefiind neutilizat de catre instutia noastra.
- Numarele de inregistrare mentionate in cuprinsul acestor somatii nu sunt reale si exemplificam somatia ce poarta nr. de iesire 2401 / 25.05.2012 adresata domnului Gorun Nicolae prin care este instiintat de existenta unor debite in cuantum de 1599 lei reprezentant impozit pe cladiri si 77, 8 lei reprezentand penalitati.

In programul Managementul Documentelor utilizat de Primaria Medgidia nr. 2401 apare ca fiind emis in data de 01.02.2012 de catre compartimentul informatica pentru inregistrarea unui referat.

In mod real o somatie emisa de Serviciul de impozite si taxe locale are un alt antet in care se mentioneaza printre altele in mod expre,s ca este un model special comform Codului de procedura fiscala, are un alt format si este intocmit de catre un angajat al acestui serviciu purtand si semnatura acestuia. De asemenea, somatiile poarta si semnatura conducatorului organului fiscal, iar sampila aplicata este una speciala apartinand SCUVES si nu Stampita rotunda cu nr. 1 a Municipiului Medgidia. Pe aceste somatii falsificate nu sunt mentionate adresele debitorilor si nici datele de identificare ale acestora asa cum figureaza acestia in programul SCUVES.

In somatiile falsificate apare ca si emitent Primarul Municipiului Medgidia Marian Iordache, o semnatura scanata si colorata in albastru aplicata pe stampila instutiei cu nr. 1 de culoare neagra, scanata de asemenea.

In ceea ce priveste semnatura se poate observa cu usurinta ca este identica pe toate falsele somatii ca si asezare in pagina si inclinatie a scrisului.

In mod normal somatiile emise de SCUVES sunt expediate debitorilor cu scrisoare recomandata cu confirmare de primire si sunt predate pe baza de tabel Oficiului Postal

Sesizam prezenta situatie intrucat aceste documente emise cu rea intentie sunt generatoare de consecinte juridice si patrimoniale. Presupunem ca au fost emise in mod voit de persoane de rea credinta in scopul denigrarii activitatii primarului in functie si a aparatului de specialitate a acestui. Inscrisurile emise pot conduce la formularea de dosare avand ca obiect contestatie la executare pe rolul instantelor de judecata, implicit la cheltuieli de judecata in sarcina Primariei, respectiv un prejudiciu la bugetul local.

Avand in vedere situatie expusa va rugam sa actionati in consecinta .

Anexam urmatoarele inscrisuri: somatiile nr. 2401, 2409, 2423, 2427, 6391, din 25.05.2012 si plicurile aferente, extras privind formularul somatie utilizat de Primarie in present si extras din programul de management al documentelor privind nr. de inregistrare mai sus amintite.

PRIMARUL MUNICIPIULUI MEDGIDIA

MARIAN IORDACHE

ROMÂNIA * JUDEȚUL CONSTANȚA · MUNICIPIUL MEDGIDIA * 1

PRIMĂRIA MUNICIPIULUI MEDGIDIA
905600, Str .Decebal, nr.35,
tel 0241/820800, fax 0241/810619
e-mail: primaria_medgidia@yahoo.com
www.emedgidia.ro

Nr. 10865/07.06.2012

Acțiuni de intimidare a populației, prin transmiterea de somații false

În cursul zilei de joi, 07 iunie 2012, la Primăria Medgidia s-au prezentat zeci de cetățeni, reclamând faptul că au primit la domiciliu somații de plată conform cărora, destinatarul figurează în *„evidența fiscală a Primăriei Municipiului Medgidia cu următoarele sume de plată pentru care s-a început executarea silită în temeiul titlului executoriu emis de Biroul Executări Silite"*. Prin intermediul așa ziselor somații, li se comunică cetățenilor că au de plată sume începând de la 1000 de lei, pentru impozitul pe clădiri, precum și penalități aferente.

Primăria Municipiului Medgidia aduce la cunoștința tuturor celor care primesc astfel de somații că nu sunt expediate de administrația publică locală, ci reprezintă tertipuri politice cu scopul de a influența electoratul, cu câteva zile înainte de alegerile locale, și de a învrăjbi populația contra actualei conduceri a Primăriei. Documentele au fost emise cu intenția de a produce consecințe juridice și de a denigra activitatea primarului în funcție.

Aceste acțiuni de intimidare a populației săvârșite acum, pe ultima sută de metri a campaniei electorale, fac, cel mai probabil, obiectul de activitate al unor contracandidați ai primarului în funcție, domnul Marian Iordache, și nu trebuie să fie luate în calcul și să îi afecteze pe cei care primesc „somațiile". Somațiile transmise de rău-voitori pot fi recunoscute prin faptul că au ștampilă neagră și nu conțin adresa destinatarului în interiorul acestora. Formularul transmis este un model vechi, abrogat de legislația în vigoare, iar somațiile reale care sunt emise conform legii de către Serviciul de Colectare și Urmărire Venituri al Primăriei sunt semnate și de către funcționarul care le-a întocmit.

PRIMĂRIA MUNICIPIULUI MEDGIDIA
905600, Str .Decebal, nr.35,
tel 0241/820800, fax 0241/810619
e-mail: primaria_medgidia@yahoo.com
www.emedgidia.ro

Totodată, la numerele de înregistrare ale acestor falsuri, în Managementul Documentelor al Primăriei Medgidia figurează cu totul alte documente. De exemplu, la numărul de înregistrare 2423/25.05.2012, al somaţiei emise către domnul Gorun Nicolae, în registrul electronic de numere al Primăriei figurează un referat intern, întocmit de Compartimentul Informtică, în data de 01.02.2012.

De asemenea, se observă clar că semnătura primarului este contrafăcută, în sensul că este scanată şi aplicată, văzându-se cu ochiul liber că aceasta are aceeaşi înclinaţie şi aşezare în pagină pe toate adresele.

07 iunie 2012

Compartimentul Relaţii Publice şi Presă

Primăria Municipiului Medgidia

SRAC
ISO 9001

C.F.4301456

MEDGIDIA

TEL.0241812000

ROMANIA

JUD.CONSTANTA

PRIMARIA MEDGIDIA

SERVICIUL IMPOZITE SI TAXE LOCALE

Anexa nr. 46

Model 2009 ITL 071

Nr. 1 din data 28.02.2012

SOMATIE

Numele si prenumele/denumirea debitorului [redacted] , nr rol. 2519

Domiciliul/Sediul: Str. [redacted] nr. [redacted] Bl. [redacted] ,ap. [redacted] ,Localitatea MEDGIDIA ,Judetul CONSTANTA

Alte date de identificare a debitorului: identificat prin B.I./C.I./C.I.P./Pa aport seria ,Nr.

,CIF* [redacted] ,telefon ,fax

In baza art. 145 din Ordonanta Guvernului nr. 92/2003 privind Codul de procedura fiscala, republicata în 2007, cu modificarile si completarile ulterioare, va înstiintam ca figurati în evidenta fiscala cu urmatoarele sume de plata , pentru care s-a început executarea silita în temeiul titlului executoriu anexat, emis de.

Natura obligatiei fiscale	Titlu executoriu (nr/data)	Suma (lei) Debit	Accesorii calc. pana la data 28.02.2012	Cuatumul sumei datorate (lei)
AMENDA (CU DEBIT)[RAMSITA]	4/28.02.2012	118		118
IMPOZIT MIJLOACE TRANSPORT[RAMSITA]	3/28.02.2012	204	79	283
TOTAL GENERAL	XXX	322	79	401

Accesoriile se vor calcula pâna la data platii, inclusiv.

Daca , în termen de 15 zile de la primirea prezentei somatii, nu veti achita sumele mentionate pentru care termenul legal de plata a expirat sau nu veti face dovada stingerii acestora, în baza prevederilor art. 145 alin.(1) din Ordonanta Guvernului nr.92/2003 privind Codul de procedura fiscala , republicata în 2007, cu modificarile si completarile ulterioare, se va proceda la continuarea masurilor de executare silita . Toate cheltuielile ocazionate de stingerea sumelor aratate mai sus, exclusiv cele generate de comunicarea acestei somatii prin posta , vor fi suportate de cstre dvs.

Împotriva prezentului înscris se poate introduce contestatie la instanta judecatoreasca competenta, în termen de 15 zile de la comunicare sau luare la cunostiinta, în conformitate cu prevederile art.172-173 din Ordonanta Guvernului nr.92/2003, republicata în 2007, cu modificarile si completarile ulterioare.

Potrivit dispozitiilor art.9 alin.(2) lit. d) din Ordonanta Guvernului nr.92/2003, republicata în 2007, cu modificarile si completarile ulterioare, când urmeaza sa se ia masuri de executare silita, nu este obligatorie audierea contribuabilului.

Conducatorul organului fiscal

(prenume, nume si stampila)

INTOCMIT:

(functia, numele si prenumele)

ANISOARA ODICA

(semnatura)

*) Se va completa: codul de identificare fiscal (codul numeric personal, numarul de identificare fiscala, dup caz); etc.

1) Se va preciza denumirea creantei fiscale principale: impozit, taxa , amenda sau alt suma ori a creantei fiscale accesorii, dup caz;

2) În cazul in care s-au emis mai multe titluri executorii, se vor indica pentru toate numarul si data emiterii;

3) Majorarile de întârziere se vor calcula în continuare pâna la data platii sau stingerii, inclusiv, conform art. 120 din Ordonan a Guvernului nr. 92/2003 privind Codul de procedur fiscal , republicat in 2007, cu modificarile si completarile ulterioare, cu exceptia obligatiilor fata de buget provenite din dobânzi, penalitati de orice fel si

PRIMĂRIA MUNICIPIULUI MEDGIDIA
905600, Str .Decebal, nr.35,
tel 0241/820800, fax 0241/810619
e-mail: primaria_medgidia@yahoo.com
www.emedgidia.ro

Nr. 10865/07.06.2012

Acţiuni de intimidare a populaţiei, prin transmiterea de somaţii false

În cursul zilei de joi, 07 iunie 2012, la Primăria Medgidia s-au prezentat zeci de cetăţeni, reclamând faptul că au primit la domiciliu somaţii de plată conform cărora, destinatarul figurează în „*evidenţa fiscală a Primăriei Municipiului Medgidia cu următoarele sume de plată pentru care s-a început executarea silită în temeiul titlului executoriu emis de Biroul Executări Silite*". Prin intermediul aşa ziselor somaţii, li se comunică cetăţenilor că au de plată sume începând de la 1000 de lei, pentru impozitul pe clădiri, precum şi penalităţi aferente.

Primăria Municipiului Medgidia aduce la cunoştinţa tuturor celor care primesc astfel de somaţii că nu sunt expediate de administraţia publică locală, ci reprezintă tertipuri politice cu scopul de a influenţa electoratul, cu câteva zile înainte de alegerile locale, şi de a învrăjbi populaţia contra actualei conduceri a Primăriei. Documentele au fost emise cu intenţia de a produce consecinţe juridice şi de a denigra activitatea primarului în funcţie.

Aceste acţiuni de intimidare a populaţiei săvârşite acum, pe ultima sută de metri a campaniei electorale, fac, cel mai probabil, obiectul de activitate al unor contracandidaţi ai primarului în funcţie, domnul Marian Iordache, şi nu trebuie să fie luate în calcul şi să îi afecteze pe cei care primesc „somaţiile". Somaţiile transmise de rău-voitori pot fi recunoscute prin faptul că au ştampilă neagră şi nu conţin adresa destinatarului în interiorul acestora. Formularul transmis este un model vechi, abrogat de legislaţia în vigoare, iar somaţiile reale care sunt emise conform legii de către Serviciul de Colectare şi Urmărire Venituri al Primăriei sunt semnate şi de către funcţionarul care le-a întocmit.

PRIMĂRIA MUNICIPIULUI MEDGIDIA
905600, Str .Decebal, nr.35,
tel 0241/820800, fax 0241/810619
e-mail: primaria_medgidia@yahoo.com
www.emedgidia.ro

Totodată, la numerele de înregistrare ale acestor falsuri, în Managementul Documentelor al Primăriei Medgidia figurează cu totul alte documente. De exemplu, la numărul de înregistrare 2423/25.05.2012, al somaţiei emise către domnul Gorun Nicolae, în registrul electronic de numere al Primăriei figurează un referat intern, întocmit de Compartimentul Informtică, în data de 01.02.2012.

De asemenea, se observă clar că semnătura primarului este contrafăcută, în sensul că este scanată şi aplicată, văzându-se cu ochiul liber că aceasta are aceeaşi înclinaţie şi aşezare în pagină pe toate adresele.

07 iunie 2012

Compartimentul Relaţii Publice şi Presă

Primăria Municipiului Medgidia

C.F.4301456

MEDGIDIA

TEL.0241812000

ROMANIA
JUD.CONSTANTA
PRIMARIA MEDGIDIA
SERVICIUL IMPOZITE SI TAXE LOCALE

Nr. 1

Anexa nr. 46
Model 2009 ITL 071

din data 28.02.2012

SOMATIE

Numele si prenumele/denumirea debitorului , nr rol. 2519

Domiciliul/Sediul: Str. nr. Bl. ,ap. ,Localitatea MEDGIDIA ,Judetul CONSTANTA

Alte date de identificare a debitorului: identificat prin B.I./C.I./C.I.P./Pa aport seria ,Nr.

,CIF* ,telefon ,fax

În baza art. 145 din Ordonanta Guvernului nr. 92/2003 privind Codul de procedura fiscala, republicata în 2007, cu modificarile si completarile ulterioare, va înstiintam ca figurati în evidenta fiscala cu urmatoarele sume de plata , pentru care s-a început executarea silita în temeiul titlului executoriu anexat, emis de.

Natura obligatiei fiscale	Titlu executoriu (nr/data)	Suma (lei) Debit	Accesorii calc. pana la data 28.02.2012	Cuatumul sumei datorate (lei)
AMENDA (CU DEBIT)(RAMSITA)	4/28.02.2012	118		118
IMPOZIT MIJLOACE TRANSPORT(RAMSITA)	3/28.02.2012	204	79	283
TOTAL GENERAL	XXX	322	79	401

Accesoriile se vor calcula pâna la data platii, inclusiv.

Daca , în termen de 15 zile de la primirea prezentei somatii, nu veti achita sumele mentionate pentru care termenul legal de plata a expirat sau nu veti face dovada stingerii acestora, în baza prevederilor art. 145 alin.(1) din Ordonanta Guvernului nr.92/2003 privind Codul de procedura fiscala , republicata în 2007, cu modificarile si completarile ulterioare, se va proceda la continuarea masurilor de executare silita . Toate cheltuielile ocazionate de stingerea sumelor aratate mai sus, exclusiv cele generate de comunicarea acestei somatii prin posta , vor fi suportate de cstre dvs.

Împotriva prezentului înscris se poate introduce contestatie la instanta judecatoreasca competenta, în termen de 15 zile de la comunicare sau luare la cunostiinta, în conformitate cu prevederile art.172-173 din Ordonanta Guvernului nr.92/2003, republicata în 2007, cu modificarile si completarile ulterioare.

Potrivit dispozitiilor art.9 alin.(2) lit. d) din Ordonanta Guvernului nr.92/2003, republicata în 2007, cu modificarile si completarile ulterioare, când urmeaza sa se ia masuri de executare silita, nu este obligatorie audierea contribuabilului.

Conducatorul organului fiscal

(prenume, nume si stampila)

INTOCMIT:

(functia, numele si prenumele)

ANISOARA ODICA

(semnatura)

*) Se va completa: codul de identificare fiscal (codul numeric personal, numarul de identificare fiscala, dup caz); etc.

1) Se va preciza denumirea creantei fiscale principale: impozit, taxa , amenda sau alt suma ori a creantei fiscale accesorii, dup caz;

2) În cazul în care s-au emis mai multe titluri executorii, se vor indica pentru toate numarul si data emiterii;

3) Majorarile de întârziere se vor calcula în continuare pâna la data platii sau stingerii, inclusiv, conform art. 120 din Ordonan a Guvernului nr. 92/2003 privind Codul de procedur fiscal , republicat în 2007, cu modificarile si completarile ulterioare, cu exceptia obligatiilor fata de buget provenite din dobânzi, penalitati de orice fel si

PRIMĂRIA MUNICIPIULUI MEDGIDIA
905600, Str.Decebal, nr.35,
tel 0241/820800, fax 0241/810619
e-mail: primaria_medgidia@yahoo.com
www.emedgidia.ro

nr. 2404 25.05.2012

CATRE Gebuu Nicolae

....

SOMATIE

In baza art 145 din Ordonanta Guvernului nr 92/2003 privind Codul de procedura fiscala, republicata,cu modificarile si completarile ulterioare , va instiintam ca figurati in evidenta fiscala a Primariei Municipiului Medgidia cu urmatoarele sume de plata , pentru care s-a inceput executarea silita in temeiul titlului executoriu emis de Biroul Executari Silite :

Natura obligatiei fiscale	Cuantumul sumei –lei-
1.Impozit pe cladiri	1599
2.Penalitati	71,1
3.Impozit pe teren	....
4Penalitati	....

Daca, in termen de 15 zile de la primirea prezentei somatii , nu veti achita sumele mentionate pentru care termenul legal de plata a expirat sau nuveti face dovada stingerii acestora , in baza prevederilor art 145 alin(1) din Ordonanta Guvernului nr 92/2003 privind Codul de procedura fiscala , republicata , cu modificarile si completarile ulterioare , se va proceda la continuarea masurilor de executare silita .Toate cheltuielile ocazionate de stingerea sumelor mentionate mai sus , exclusiv cele generate de comunicarea acestei somatii prin posta , vor fi suportate de catre dvs .

Impotriva prezentului inscris se poate introduce contestatie la instanta judecatoreasca competenta , in termen de 15 zile de la comunicare sau luare la cunostinta , in conformitate cu prevederile art 172-173 din Ordonanta Guvernului nr 92/2003 , republicata , cu modificarile si completarile ulterioare .

Potrivit dispozitiilor art 9 alin(2) lit d din Ordonanta Guvernului nr 92/2003 , republicata , cu modificarile si completarile ulterioare , cand urmeaza sa se ia masuri de executare silita , nu este obligatorie audierea contribuabilului .

Primarul Municipiului Medgidia

Marian Iordache

PRIMĂRIA MUNICIPIULUI MEDGIDIA
905600, Str .Decebal, nr.35,
tel 0241/820800, fax 0241/810619
e-mail: primaria_medgidia@yahoo.com
www.emedgidia.ro

nr 2423 25.05.2012 CATRE Farcas Ioan

....

SOMATIE

In baza art 145 din Ordonanta Guvernului nr 92/2003 privind Codul de procedura fiscala, republicata,cu modificarile si completarile ulterioare , va instiintam ca figurati in evidenta fiscala a Primariei Municipiului Medgidia cu urmatoarele sume de plata , pentru care s-a inceput executarea silita in temeiul titlului executoriu emis de Biroul Executari Silite :

Natura obligatiei fiscale	Cuantumul sumei –lei-
1.Impozit pe cladiri	1714
2.Penalitati	81,7
3.Impozit pe teren	....
4Penalitati	....

Daca, in termen de 15 zile de la primirea prezentei somatii , nu veti achita sumele mentionate pentru care termenul legal de plata a expirat sau nuveti face dovada stingerii acestora , in baza prevederilor art 145 alin(1) din Ordonanta Guvernului nr 92/2003 privind Codul de procedura fiscala , republicata , cu modificarile si completarile ulterioare , se va proceda la continuarea masurilor de executare silita .Toate cheltuielile ocazionate de stingerea sumelor mentionate mai sus , exclusiv cele generate de comunicarea acestei somatii prin posta , vor fi suportate de catre dvs .

Impotriva prezentului inscris se poate introduce contestatie la instanta judecatoreasca competenta , in termen de 15 zile de la comunicare sau luare la cunostinta , in conformitate cu prevederile art 172-173 din Ordonanta Guvernului nr 92/2003 , republicata , cu modificarile si completarile ulterioare .

Potrivit dispozitiilor art 9 alin(2) lit d din Ordonanta Guvernului nr 92/2003 , republicata , cu modificarile si completarile ulterioare , cand urmeaza sa se ia masuri de executare silita , nu este obligatorie audierea contribuabilului .

Primarul Municipiului Medgidia

Marian Iordache

PRIMĂRIA MUNICIPIULUI MEDGIDIA
905600, Str .Decebal, nr.35,
tel 0241/820800, fax 0241/810619
e-mail: primaria_medgidia@yahoo.com
www.emedgidia.ro

nr 2428 25.05. 2012 CATRE Onofrei Gabriel

SOMATIE

In baza art 145 din Ordonanta Guvernului nr 92/2003 privind Codul de procedura fiscala, republicata,cu modificarile si completarile ulterioare , va instiintam ca figurati in evidenta fiscala a Primariei Municipiului Medgidia cu urmatoarele sume de plata , pentru care s-a inceput executarea silita in temeiul titlului executoriu emis de Biroul Executari Silite :

Natura obligatiei fiscale	Cuantumul sumei –lei-
1.Impozit pe cladiri	1713
2.Penalitati	95,2
3.Impozit pe teren	
4Penalitati	

Daca, in termen de 15 zile de la primirea prezentei somatii , nu veti achita sumele mentionate pentru care termenul legal de plata a expirat sau nuveti face dovada stingerii acestora , in baza prevederilor art 145 alin(1) din Ordonanta Guvernului nr 92/2003 privind Codul de procedura fiscala , republicata , cu modificarile si completarile ulterioare , se va proceda la continuarea masurilor de executare silita .Toate cheltuielile ocazionate de stingerea sumelor mentionate mai sus , exclusiv cele generate de comunicarea acestei somatii prin posta , vor fi suportate de catre dvs .

Impotriva prezentului inscris se poate introduce contestatie la instanta judecatoreasca competenta , in termen de 15 zile de la comunicare sau luare la cunostinta , in conformitate cu prevederile art 172-173 din Ordonanta Guvernului nr 92/2003 , republicata , cu modificarile si completarile ulterioare .

Potrivit dispozitiilor art 9 alin(2) lit d din Ordonanta Guvernului nr 92/2003 , republicata , cu modificarile si completarile ulterioare , cand urmeaza sa se ia masuri de executare silita , nu este obligatorie audierea contribuabilului .

Primarul Municipiului Medgidia

Marian Iordache

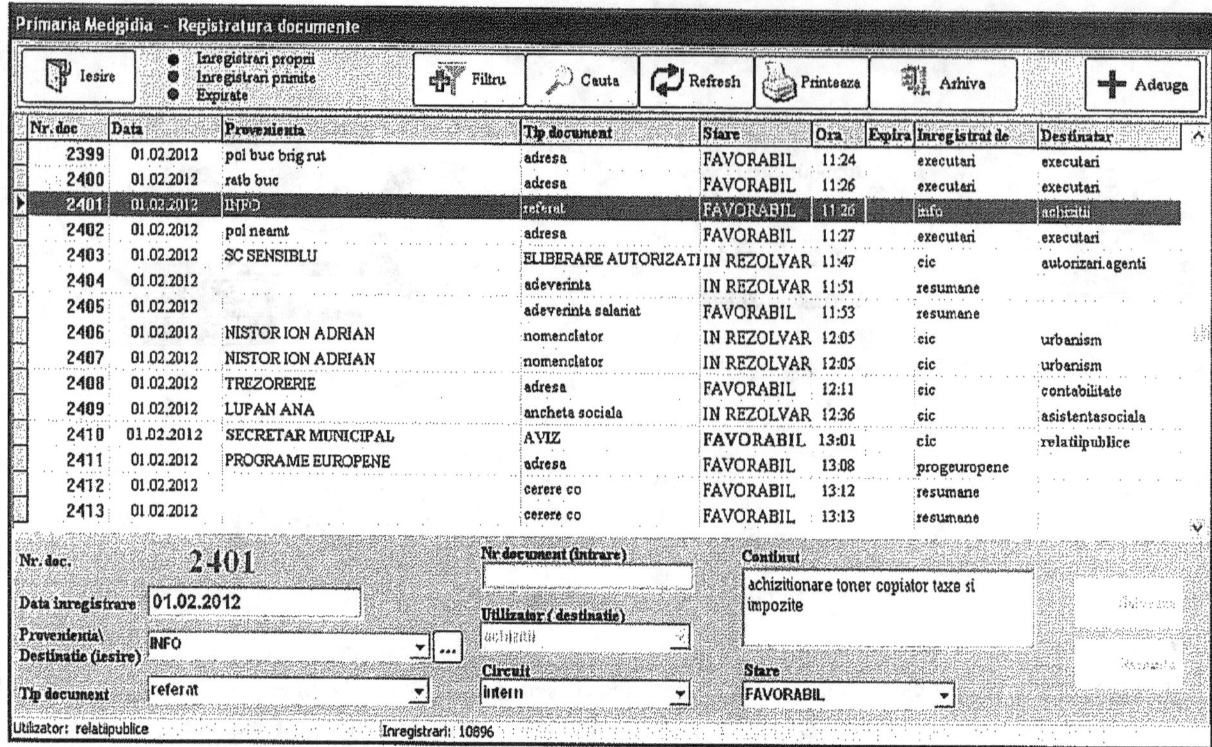

Primaria Medgidia - Registratura documente

Iesire | Inregistrari proprii | Inregistrari primite | Expirate | Filtru | Cauta | Refresh | Printeaza | Arhiva | Adauga

Nr. doc	Data	Provenienta	Tip document	Stare	Ora	Expira	Inregistrat de	Destinatar
2399	01.02.2012	pol buc brig rut	adresa	FAVORABIL	11:24		executari	executari
2400	01.02.2012	ratb buc	adresa	FAVORABIL	11:26		executari	executari
2401	01.02.2012	INFO	referat	FAVORABIL	11:26		info	achizitii
2402	01.02.2012	pol neamt	adresa	FAVORABIL	11:27		executari	executari
2403	01.02.2012	SC SENSIBLU	ELIBERARE AUTORIZATI	IN REZOLVAR	11:47		cic	autorizari.agenti
2404	01.02.2012		adeverinta	IN REZOLVAR	11:51		resumane	
2405	01.02.2012		adeverinta salariat	FAVORABIL	11:53		resumane	
2406	01.02.2012	NISTOR ION ADRIAN	nomenclator	IN REZOLVAR	12:05		cic	urbanism
2407	01.02.2012	NISTOR ION ADRIAN	nomenclator	IN REZOLVAR	12:05		cic	urbanism
2408	01.02.2012	TREZORERIE	adresa	FAVORABIL	12:11		cic	contabilitate
2409	01.02.2012	LUPAN ANA	ancheta sociala	IN REZOLVAR	12:36		cic	asistentasociala
2410	01.02.2012	SECRETAR MUNICIPAL	AVIZ	FAVORABIL	13:01		cic	relatiipublice
2411	01.02.2012	PROGRAME EUROPENE	adresa	FAVORABIL	13:08		progeuropene	
2412	01.02.2012		cerere co	FAVORABIL	13:12		resumane	
2413	01.02.2012		cerere co	FAVORABIL	13:13		resumane	

Nr. doc. **2401**

Data inregistrare: 01.02.2012

Provenienta\ Destinatie (iesire): INFO

Tip document: referat

Nr document (intrare):

Utilizator (destinatie): achizitii

Circuit: intern

Continut: achizitionare toner copiator taxe si impozite

Stare: FAVORABIL

Utilizator: relatiipublice   Inregistrari: 10896

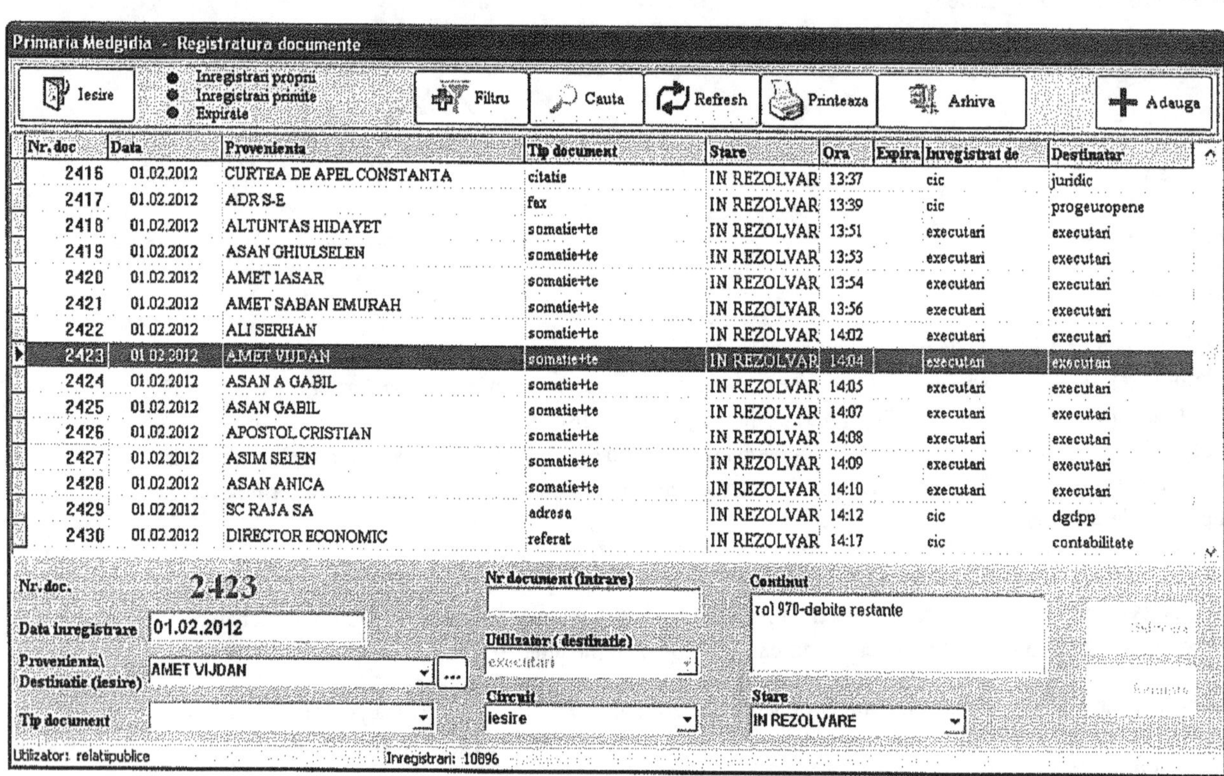

Primaria Medgidia - Registratura documente

Iesire | Inregistrari proprii | Inregistrari primite | Expirate | Filtru | Cauta | Refresh | Printeaza | Arhiva | Adauga

Nr. doc	Data	Provenienta	Tip document	Stare	Ora	Expira	Inregistrat de	Destinatar
2416	01.02.2012	CURTEA DE APEL CONSTANTA	citatie	IN REZOLVAR	13:37		cic	juridic
2417	01.02.2012	ADR S-E	fax	IN REZOLVAR	13:39		cic	progeuropene
2418	01.02.2012	ALTUNTAS HIDAYET	somatie+te	IN REZOLVAR	13:51		executari	executari
2419	01.02.2012	ASAN GHIULSELEN	somatie+te	IN REZOLVAR	13:53		executari	executari
2420	01.02.2012	AMET IASAR	somatie+te	IN REZOLVAR	13:54		executari	executari
2421	01.02.2012	AMET SABAN EMURAH	somatie+te	IN REZOLVAR	13:56		executari	executari
2422	01.02.2012	ALI SERHAN	somatie+te	IN REZOLVAR	14:02		executari	executari
2423	01.02.2012	AMET VIJDAN	somatie+te	IN REZOLVAR	14:04		executari	executari
2424	01.02.2012	ASAN A GABIL	somatie+te	IN REZOLVAR	14:05		executari	executari
2425	01.02.2012	ASAN GABIL	somatie+te	IN REZOLVAR	14:07		executari	executari
2426	01.02.2012	APOSTOL CRISTIAN	somatie+te	IN REZOLVAR	14:08		executari	executari
2427	01.02.2012	ASIM SELEN	somatie+te	IN REZOLVAR	14:09		executari	executari
2428	01.02.2012	ASAN ANICA	somatie+te	IN REZOLVAR	14:10		executari	executari
2429	01.02.2012	SC RAJA SA	adresa	IN REZOLVAR	14:12		cic	dgdpp
2430	01.02.2012	DIRECTOR ECONOMIC	referat	IN REZOLVAR	14:17		cic	contabilitate

Nr. doc. **2423**

Data inregistrare: 01.02.2012

Provenienta\ Destinatie (iesire): AMET VIJDAN

Tip document:

Nr document (intrare):

Utilizator (destinatie): executari

Circuit: Iesire

Continut: rol 970-debite restante

Stare: IN REZOLVARE

Utilizator: relatiipublice   Inregistrari: 10896

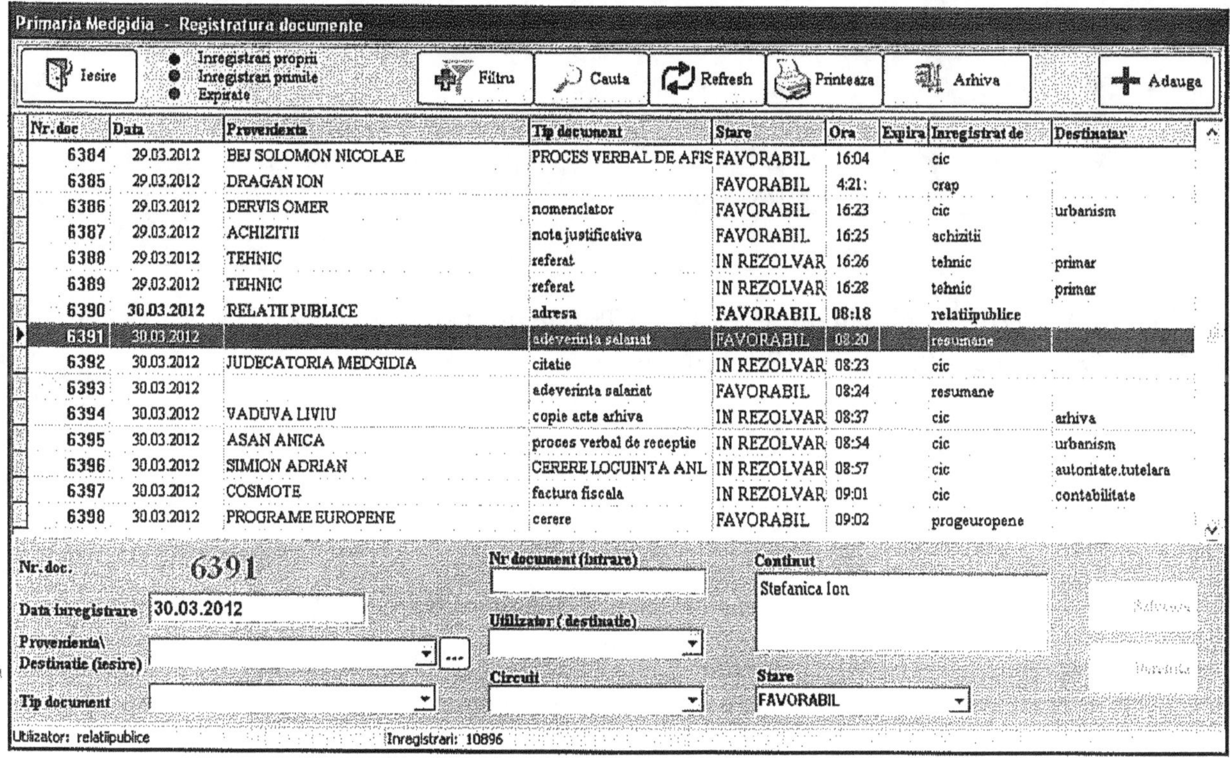

Nr. doc	Data	Provenienta	Tip document	Stare	Ora	Expira	Inregistrat de	Destinatar
6384	29.03.2012	BEJ SOLOMON NICOLAE	PROCES VERBAL DE AFIS	FAVORABIL	16:04		cic	
6385	29.03.2012	DRAGAN ION		FAVORABIL	4:21:		crap	
6386	29.03.2012	DERVIS OMER	nomenclator	FAVORABIL	16:23		cic	urbanism
6387	29.03.2012	ACHIZITII	nota justificativa	FAVORABIL	16:25		achizitii	
6388	29.03.2012	TEHNIC	referat	IN REZOLVAR	16:26		tehnic	primar
6389	29.03.2012	TEHNIC	referat	IN REZOLVAR	16:28		tehnic	primar
6390	30.03.2012	RELATII PUBLICE	adresa	FAVORABIL	08:18		relatiipublice	
6391	30.03.2012		adeverinta salariat	FAVORABIL	08:20		resumane	
6392	30.03.2012	JUDECATORIA MEDGIDIA	citatie	IN REZOLVAR	08:23		cic	
6393	30.03.2012		adeverinta salariat	FAVORABIL	08:24		resumane	
6394	30.03.2012	VADUVA LIVIU	copie acte arhiva	IN REZOLVAR	08:37		cic	arhiva
6395	30.03.2012	ASAN ANICA	proces verbal de receptie	IN REZOLVAR	08:54		cic	urbanism
6396	30.03.2012	SIMION ADRIAN	CERERE LOCUINTA ANL	IN REZOLVAR	08:57		cic	autoritate.tutelara
6397	30.03.2012	COSMOTE	factura fiscala	IN REZOLVAR	09:01		cic	contabilitate
6398	30.03.2012	PROGRAME EUROPENE	cerere	FAVORABIL	09:02		progeuropene	

ANEXA 2

Dosarul nr. 1832/P/2010 – Parchetul de pe lângă Tribunalul Constanța
Ordonanța procurorului din data de 18 februarie 2011

MINISTERUL PUBLIC
PARCHETUL DE PE LÂNGĂ TRIBUNALUL CONSTANȚA
Secția de urmărire penală
Operator de date cu caracter personal nr. 3722

Nr. 1832/P/2010

ORDONANȚĂ

privind scoaterea de sub urmărirea penală și aplicarea unei sancțiuni cu caracter administrativ

Anul 2011, luna ~~martie~~ februarie, ziua 18

Procuror VASILE BALAICAN de la Parchetul de pe lângă Tribunalul Constanța,

Analizând actele și lucrările dosarului de cercetare penală cu numărul de mai sus privind pe:

1. BUTCARU ION
2. ZGUMĂ CONSTANTIN
3. RACU ION
4. BĂRZOI FLORIN DUMITRU
5. BĂRZOI AURELIAN GHEORGHE
6. TĂRNICIERU MIHAI
7. TĂRNICIERU AURICA
8. COȘCODAR IOAN
9. GHINDARU EUGENIA
10. OLARU VIORICA
11. HÂNDEA FLORENTINA
12. GRĂDINARU CARMEN
13. CULCEA ELISABETA
14. APETREA ADRIAN
15. ROȘCA ION
16. BORLAN NICOLAE
17. BORLAN LILIANA
18. GUMENI ELENA
19. BAIERĂ ȘTEFAN
20. SACA NICOLAE
21. PREDA ALINA
22. IRIMIA MARINA
23. TĂGÂRȚĂ DANIEL
24. ICHIM SORINA DANA
25. RADU MARCEL
26. BENGA DUMITRU

27. NICULUCIOIU MARIAN
28. BUŞE IONELA SIMONA
29. DĂILEANU MARIA
30. MORARU GHEORGHE
31. HUŢAN VIORICA
32. FEGHIU OLGA
33. NISTOR NICULINA
34. FEGHIU CONSTANTIN
35. ICHIM MIREL
36. ICHIM MARIA
37. DĂNILĂ DAN
38. TÎRÎŢĂ MARIA
39. PĂDUROIU CĂTĂLIN
40. TRAŞCU LIVIU
41. OPREA GHEORGHE
42. OPREA CLAUDIA
43. LUCHIAN IORDAN
44. TODIROI VIOLETA
45. GABOR OLIMPIA
46. TĂGÂRŢĂ ILIE
47. IONIŢĂ DANIEL
48. TODIROI MILICĂ
49. GHIUGHIUCULESEI ION
50 CIOBANU DOBRE
51. GHIUGHIUCULESEI VALENTIN
52. OPREA PARASCHIVA
53. COSTEA TEODORA
54. BĂRAN CARMEL ISABELA
55. TRAŞCU MARIETA
56. OPREA MARIAN
57. PRUTIANU STOIENEL
58. BUCĂTARU MIHAELA ALINA
59. ŞAPTE MIHAI
60. DURĂ EMIL
61. ŞAPRTE CHERAŢA
62. SAPTE ELENA
63. BEJAN CARMEN IONELA
64. ŞAPTE NICOLAE
65. GUMENI CONSTANTIN
66. CURCĂ PETRUŢA
67. PANDREA SILVIAN
68. PANDREA ALEXANDRINA
69. ALMĂJANU ADRIAN
70. ROŞCA JANA

71. ROŞCA FLORENTINA
72. POPESCU ION
73. CIOBANU PETRICĂ
74. HÎNDEA PAVEL
75. BICU IULIANA
76. ŞELARU MARIA
77. DĂNILĂ GHEORGHE
78. ABABEI ILEANA
79. DURA GEORGETA
80. RĂDULESCU GHEORGHE
81. RĂDULESCU ROMULUS
82. ABOACEI MARIA
83. ICHIM ELENA NICOLETA
84. CRÂNGUŞ SOFIA
85. SLĂVESCU VALERIU
86. CONSTANTIN FLORICĂ
87. MEAUNĂ VASILE
88. BASA AURICA
89. TILIŞCĂ ILIE
90. ZUGRAVU ION
91. GRĂDINARIU DUMITRU
92. TARNICERIU GHEORGHE
93. BORLAN STELA
94. BORLAN EMANOIL
95. MOROŞANU GHEORGHE
96. CEAMANU ION MARIAN
97. CEANAMU ELENA
98. CARAGOP NICOLAE
99. VOICA ELENA
100. BUŞEGEANU MARIA
101. BUŞEGEANU NELU VASILICĂ
102. BUŞEGEANU MARICA
103 BUŞEGEANU NICUŞOR
104. PALAŞCA ION
105. HARŢANU MIOARA
106. BICAN VASILE
107. VASILE TUDORA
108. BAERĂ STANCA
109. GĂNUCI MARIA
110. BOIERU AUREL
111. MAMUT GHEORGHE
112. DĂILEANU TUDOR
113. VASILE ILEANA
114. BENGA LUMINIŢA

115. OANCEA VIOREL
116. OANCEA LUCICA
117. TRANDAFIE DANIEL
118. DURA COSTEL
119. DURA CRISTINEL
120. NEAȚU MARIN
121. CIOBANU ION
122. MACOVEI VIOREL
123. ROŞU IULIAN
124. PAVEL ANTON
125. NICULICIOIU SABIN
126. FRĂȚILĂ NICULINA
127. NICULICIOIU LEILA
128. ARAMĂ MANEA
129. GUMENI CRISTIAN
130. COŞCODAR ELENA
131. FRĂȚILĂ FLORIN
132. BENGA OLGA
133. BENGA ION
134. MIHALACHE ELENA
135. MOROŞANU EUGENIA,

învinuiți pentru săvârşirea infracțiunii de:

- **dare şi primire de bani în timpul campaniei electorale, prev. de art.109 alin.1 din Legea nr.67/2004,**

CONSTAT:

La data de 02.11.2010 s-a înregistrat la Parchetul de pe lângă Tribunal. Constanța dosarul de cercetare penală nr.18832/P/2010, având ca obiect plângerile formulate de S.C. „ERAOŞ" Fântânele, S.C. „MONSON ALMA" Constanța şi Roşca Marin din Constanța, Al. Fragilor nr.5, față de învinuitul DORE MIHAI, viceprimar la Primăria comunei Cogealac, județul Constanța, precum şi alte persoane din aceiaşi localitate, sub aspectul săvârşirii infracțiunilor prev. de art.193 Cod penal, art.180 Cod penal, art.217 Cod penal, art.250 Cod penal şi art. 323 Cod penal.

Părțile vătămate sus menționate au susținut că la data de 01.11.2008 învinuitul Dore Mihai, abuzând de funcția sa, însoțit de mai multe persoane cunoscute în zonă sub denumirea de „talibani", au exercitat violențe şi amenințări asupra angajaților celor două societăți implicate în efectuarea lucrărilor la parcul eolian din zonă, Roşca Marin suferind violențe ce au necesitat 3-4 zile de îngrijiri medicale de specialitate.

Ulterior, la data de 03.01.2011, numitul BUTCARU ION ,domiciliat ib comuna Cogealac, județul Constanța, a depus la Parchetul de pe lângă Tribunalul Constanța un denunț înregistrat la nr.1/P/2011, în care a învederat că în campania electorală pentru alegerea primarului din localitate, în primăvara anului 2008, numitul CATI HRISTU, actualul primar, a „convins" alegătorii oferind împreună cu Dore Mihai, cât şi alte persoane din anturaj, câte 5 milioane de lei vechi/alegător, pentru a câştiga alegerile.

Constatând pertinente disp. art.34 lit.d din Cod procedură penală, cauza a fost conexată la dosarul nr.1832/P/2010, existent deja la acest parchet.

Având în vedere numărul mare de persoane înscrise pe listele de vot, prin rezoluţia parchetului din 07.01.2011, au fost delegaţi lucrătorii de la Postul de Poliţie Cogealac pentru identificarea şi audierea persoanelor care au primit sumele de bani precum şi alte favoruri pentru a-l vota în funcţia de primar pe numitul CATI HRISTU.

Astfel, în urma cercetărilor efectuate a rezultat următoarea stare de fapt.:

În primăvara anului 2008 numitul CATI HRISTU a fost desemnat, din partea PNTCD, drept candidat pentru funcţia de primar al comunei Cogealac.

În timpul campaniei electorale, din considerente care nu interesează cauza, învinuitul BUTCARU ION şi-a depus adeziunea de intrare în PNTCD, ulterior acesta implicându-se în campanie desfăşurând propagandă electorală, împărţind materiale şi purtând discursuri cu oamenii din comună pentru a-i convinge să voteze candidatul partidului.

În apropierea alegerilor numitul CATI HRISTU a venit la domiciliul învinuitului BUTCARU ION şi i-a învederat că faţă de celelalte partide înscrise în campania electorală situaţia PNŢCD este foarte slabă şi nu au şanse să câştige alegerile locale. CATI HRISTU s-a declarat nemulţumit de rezultatul demersurilor legale şi a afirmat că singura soluţie este oferirea de sume de bani alegătorilor.

La scurt timp, probabil în jurul datei de 20.05.2008, CATI HRISTU a convocat la locuinţa învinuitului BUTCARU ION circa 40 de persoane, în faţa cărora a reafirmat opinia cu privire la mituirea alegătorilor, apreciind că suma de 5 milioane lei vechi pentru fiecare vot ar fi suficientă. CATI HRISTU a afirmat că este treaba lui cum va face rost de bani.

Persoanele prezente, printre care Dore Mihai, Zgumă Constantin, Mitrenca Mihai, Apostol Ştefan, Gherase Mihai, Tocica Nicolae, Racu Ion, Ruscu Leurenţiu, Lenu Dumitru, Şapte Valentin, din motive diferite, dar preponderent din cauza greutăţilor financiare, au acceptat cele sugerate.

Se impune precizarea că unora din susţinători, CATI HRISTU le-a promis includerea pe lista de consilieri, altora angajarea lor sau a rudelor la primărie.

În zilele următoare, CATI HRISTU a revenit la locuinţa învinuitului BUTCARU ION cu două miliarde lei vechi, într-o geantă, acesta înscriind-o la fel ca şi pe cele din tranşele ulterioare, într-un carnet. Ulterior, la locuinţa învinuitului veneau, pe grupuri, cei desemnaţi să împartă banii alegătorilor, fiecare dintre ei având lista cu numele celor vizaţi pentru a primi sumele de bani, în raport cu care BUTCARU ION le distribuia banii, câte 5 milioane lei vechi de fiecare alegător.

Suma totală pe care CATI HRISTU a adus-o învinuitului BUTCARU ION cu destinaţia deja comentată a fost de 9 miliarde lei vechi, care a fost împărţit conform evidenţelor ţinute de ultimul la 1800 de alegători.

În ziua alegerilor, datorită sumelor primite, majoritatea locuitorilo comunei Cogealac şi a satelor, pendinte de aceasta: Tariverde, Gura Dobrogei Râmnicu, au votat în favoarea PNTCD, desemnându-l ca primar, din primul tur, pe CATI HRISTU, iar în Consiliul local obţinând 8 (opt) posturi de consilieri locali, în persoana învinuiţilor Butcaru Ion, Dore Mihai, Zgumă Constantin, Mitrenca Mihai, Şapte Valentin, Racu Ion, Ruscu Laurenţiu, învinuitul Dore Mihai ocupând şi funcţia de viceprimar.

În timpul cercetărilor au fost identificate şi audiate un număr de 130 de persoane din comuna Cogealac şi satele limitrofe, care au primit bani în campania electorală pentru a-i vota pe CATI HRISTU ca primar, aceştia fiind puşi [illegible] ub urmărire penală întrucât art.190 alin.1 din Legea nr.67/2004 incriminează şi primirea sumelor de bani de către alegători.

De asemenea s-au identificat, în parte, şi persoanele care l-a îndemnu lui CATI HRISTU au împărţit sumele de bani primite de la acesta, astfel:

<u>BUTCARU ION</u>, următorilor:

- MIHALACHE ELENA - comuna Cogealac
- ŞAPTE CHIRAŢA - comuna Cogealac
- ŞAPTE NICOLAE - comuna Cogealac
- CURCĂ PETRUŢA - comuna Cogealac
- ALMĂJEANU ADRIAN - comuna Cogealac
- ROŞCA JANA – Tariverde
- ROŞCA FLORENTINA - Tariverde
- POPESCU ION - Tariverde
- BENGA DUMITRU - comuna Cogealac
- ABOAICEI MARIA – Gura Dobrogei
- TĂRNICERIU AURICA - Gura Dobrogei
- TĂRNICERIU MIHAI - Gura Dobrogei
- TĂRNICERIU GHEORGHE - Gura Dobrogei
- GRĂDINARIU DUMITRU - Gura Dobrogei
- ZUGRAVU ION - Gura Dobrogei
- TILICĂ ILIE - Gura Dobrogei
- GRĂDINARIU CARMEN - Gura Dobrogei
- NEAMŢU DUMITRU - Gura Dobrogei
- ANTOŞICĂ NICOLAE - Gura Dobrogei
- TONIA ION - Gura Dobrogei
- BORLAN LILIANA - Tariverde

- BORLAN NICOLAE – Tariverde
- ROŞCA ION - Tariverde
- ARAMĂ MANEA - Gura Dobrogei
- DOILEANU MARIA - Tariverde

- BUŞE IONELA SIMONA - Tariverde
- PAVEL ANTON - Tariverde
- BOULAN EMANUEL - Tariverde
- CIAMANU ELENA - Tariverde
- VOICA ELENA - Tariverde
- BUŞEGEANU MARIA - Tariverde
- BUŞEGEANU MARICA – Tariverde
- BUŞEGEANU NICUŞOR - Tariverde
- PLEŞCA ION - Tariverde
- BĂRZOI FLORIN DUMITRU - comuna Cogealac
- DĂNILĂ DAN - Gura Dobrogei
- BĂRZOI AURELIAN-GHEORGHE - comuna Cogealac
- FEGHIU OLGA - comuna Cogealac
- NISTOR NICULINA - Tariverde
- FEGHIU CONSTANTIN - comuna Cogealac
- ICHIM MIREL - Tariverde
- VASILER ILEANA - Tariverde
- OANCEA VIOREL - comuna Cogealac
- OANCEA LUCICA - comuna Cogealac
- MAMUT GHEORGHE - Tariverde
- GHIVIDARU EUGENIA – Tariverde
- BICAN VASILE - Tariverde
- TAŞCU MARIETA – Râmnic
- MIAUNĂ VASILE - comuna Cogealac
- ROŞU IULIAN-MARIAN – Tariverde
- VASILE TUDORA - Tariverde
- OLARU VIORICA - Tariverde
- ŞELARU MARIA - Tariverde
- DURA GEORGETA – Tariverde
- RĂDULESCU GHEORGHE – Râmnicu De Sus
- RĂDULESCU ROMULUS - Râmnicu de Sus
- CRÂNGUŞ SOFIA - Tariverde

CATI HRISTU, următorilor:

- BOULAN EMANUEL - Tariverde
- CIAMANU ION - Tariverde
- MORARU GHEORGHE - comuna Cogealac
- ICHIM MIREL - Tariverde
- CIAMANU ION-MARIAN - Tariverde
- PĂDURARIU LILIANA - Gura Dobrogei

CORNEA DANIEL, următorilor:

- BOALAN STELA - Tariverde
- CIAMANU ELENA - Tariverde
- VOICU ELENA - Tariverde
- PALAŞCĂ ION - Tariverde

- NISTOR NICULINA – Tariverde
- HÎNDEA FLORENTINA - Tariverde
- HÎNDEA PAVEL – TariverdE
- HÎNDEA MARINA – Tariverde
- HÎNDEA DANIEL – Tariverde
- MAMUT GHEORGHE - Tariverde
- BOERU AUREL - Tariverde
- GĂNUCI MARIA - Tariverde
- ROŞU IULIAN MARIAN - Tariverde
- ICHIM SORINA-DANA - Tariverde
- VASILE TUDORA - Tariverde
- RADU MARCEL - Tariverde
- HÎNDEA PAVEL - Tariverde
- BICU IULIANA - Tariverde
- ŞELARU MARIA - Tariverde
- DURA GHEORGHE - Tariverde
- ICHIM ELENA-NICOLETA - Tariverde
- CRÎNGUŞ SOFIA - Tariverde
- PRUSIANU STOENEL - Tariverde
- BUCĂTARU MIHAELA-ALINA - Tariverde
- ROŞCA JANA - Tariverde
- ROŞCA FLORENTINA - Tariverde
- ROŞCA AURICA - Tariverde
- CARAGOP NICOLAE - Tariverde
- BOREAN NICOLAE - Tariverde
- BOREAN LILIANA - Tariverde
- CULCEA ELISABETA - Tariverde
- DĂILEANU MARIA – Tariverde
- ROŞCA ION - Tariverde
- PAVEL ANTON - Tariverde
- MACOVEI VIOREL - Tariverde

DICU AURELIAN , următorilor:

- NICULICIOIU SABIN - comuna Cogealac
- NICULICIOIU MARIAN - comuna Cogealac

NICULESCU CONSTANTIN , următorilor

- BORLAN LILIANA - Tariverde
- BORLAN NICOLAE - Tariverde

MUNTEANU FLORICA, următorilor:

- MOROŞANU GHEORGHE - comuna Cogealac
- MOROŞANU EUGENIA - comuna Cogealac

MUNTEANU CONSTANTIN , urmrătorilor:

- COŞCADAR IOAN - comuna Cogealac
- OANCEA VIOREL - comuna Cogealac
- GHINDARU EUGENIA – Tariverde

- OPREA MARIAN - Râmnicu de Jos
- SLĂVESCU VALERIA - Râmnicu de Jos
- CONSTANTIN FLORICA - Râmnicu de Jos
- TĂGÂRȚĂ DANIEL - Râmnicu de Jos
- RĂDULESCU GHEORGHE - Râmnicu de Jos
- RĂDULESCU ROMULUS - Râmnicu de Jos
- DUNĂ EMIL - Râmnicu de Jos
- ABOAICEI MARIA - Gura Dobrogei
- BARBU DANIEL-IONUȚ Râmnicu de Jos

ZGUMA CONSTANTIN , următorilor

- PĂDUROIU CĂTĂLIN - Râmnicu de Jos
- TRAȘCU LIVIU - Râmnicu de Jos
- OPREA CLAUDIA - Râmnicu de Jos
- LUCHIAN IORDAN . Râmnicu de Jos
- GABOR OLIMPIA - Râmnicu de Jos
- TĂGÂRȚĂ ILIE - Râmnicu de Jos
- TRANDAFIR DANIEL - Râmnicu de Jos
- DUNĂ COSTEL - Râmnicu de Jos
- IONIȚĂ DANIEL - Râmnicu de Jos
- TODIROI MILICĂ - Râmnicu de Jos
- GIURGIUCULESEI ION - Râmnicu de Jos
- CIOBANU DOBRE - Râmnicu de Jos
- GIURGIUCULESEI VALENTIN - Râmnicu de Jos
- OPREA PARASCHIVA - Râmnicu de Jos
- COSTEA TEODORA - Râmnicu de Jos
- TRAȘCU MARIETA - Râmnicu de Jos
- OPREA MARIAN - Râmnicu de Jos
- SLĂVESCU VALERIU - Râmnicu de Jos
- COMNSTANTIN FLORICĂ - Râmnicu de Jos
- TĂGÂRȚĂ DANIEL - Râmnicu de Jos
- RĂDULESCZ GHEORGHE - Râmnicu de Jos
- RĂDULESCU ROMULUS - Râmnicu de Jos
- DURA EMIL - Râmnicu de Jos
- ABOICEI MARIA - Gura Dobrogei

APETREA ADRIAN , următorilor

- ABABEI ILEANA - Gura Dobrogei
- TĂRNICERIU AURICA - Gura Dobrogei
- TĂRNICERIU MIHAI - Gura Dobrogei
- ZUGRAVU ION - Gura Dobrogei
- TILIȘCĂ ILIE - Gura Dobrogei
- GRĂDINARIU CARMEN - Gura Dobrogei
- ANTOȘICĂ MARIAN - Gura Dobrogei
- ANTOȘICĂ NICOLAE - Gura Dobrogei
- NICULICIOIU LEILA - comuna Cogealac

- GUMENI ELENA - comuna Cogealac
- PREDA ALINA - comuna Cogealac
- ŞAPTE ELENA - comuna Cogealac
- GUMENI CONSTANTIN - comuna Cogealac
- GUMENI CRISTIAN - comuna Cogealac
- FRĂŢILĂ NICULINA - comuna Cogealac

NICULESCU ILIE, următorilor:

- HUŢAN VIORICA - comuna Cogealac
- TĂGÂRŢĂ ILIE – Râmnic
- BENGA LUMINIŢA - comuna Cogealac
- GIURGIUCULESEI ION – Râmnic
- GIURGIUCULESEI VALENTINA – Râmnic
- CONSTANTIN FLORICA – Râmnic
- SACA NICOLAE - comuna Cogealac
- BENGA ION - comuna Cogealac
- CURCĂ PETRUŢA - comuna Cogealac
- PANDREA SILVIAN - comuna Cogealac
- PANDREA ALEXANDRINA - comuna Cogealac
- BENGA DUMITRU - comuna Cogealac
- IONESCU GEORGE - comuna Cogealac
- TOMA ION - comuna Cogealac

ŞAPTE VALENTIN, următorilor

- BUŞEGEANU NICUŞOR - Tariverde
- GHINDARU EUGENIA - Tariverde
- GUMENI ELENA comuna Cogealac
- PREDA ALINA - comuna Cogealac
- GUMENI CONSTANTIN - comuna Cogealac
- GUMENI CRISTIAN - comuna Cogealac
- BUŞE IONELA-SIMONA - Tariverde

MITRENCA MIHAI, următorilor:

- PĂDURARIU CĂTĂLIN – Râmnic
- TROŞCU LIVIU - Râmnicu de Jos
- OPREA GHEORGHE - Râmnicu de Jos
- OPREA CLAUDIA - Râmnicu de Jos
- LUCHIAN IORDAN - Râmnicu de Jos
- TODIROI VIOLETA - Râmnicu de Jos
- GABOR OLIMPIA - Râmnicu de Jos
- TĂGÂRŢĂ ILIE - Râmnicu de Jos
- TRANDAFIR DANIEL - Râmnicu de Jos
- DUNĂ COSTEL - Râmnicu de Jos
- TODIROI MILICĂ - Râmnicu de Jos
- OPREA PARASCHIVA - Râmnicu de Jos
- BĂRAN CARMEN-IZABELA - Râmnicu de Jos
- TRAŞCU MARIETA - Râmnicu de Jos

ROŞU COSTEL , următorilor

- BAERĂ STANCA - comuna Cogealac
- BAERĂ ŞTEFAN - comuna Cogealac
- TONEA IOAN - comuna Cogealac
- ŞISIIALĂ VASILE - comuna Cogealac

RACU ION , următorilor:

- ŞELARU MARIA – Tariverde
- PRUTIANU STOENEL – Tariverde
- BUCĂTARU MIHAELA ALINA – Tariverde

DORE MIHAI , următorilor

- DĂNILĂ DAN - Gura Dobrogei
- IRIMIA MARIA - comuna Cogealac
- TĂRÂŢĂ MARIA - comuna Cogealac
- NEAŢU MARIA – Tariverde
- TĂRNICERIU AURICA - Gura Dobrogei
- TĂRNICERIU MIHAI - Gura Dobrogei
- TĂRNICERIU GHEORGHE - Gura Dobrogei
- GRĂDINARIU DUMITRU - Gura Dobrogei
- GRĂDINARIU CARMEN - Gura Dobrogei
- SACA MARIA - comuna Cogealac
- BORLAN LILIANA – Tariverde
- BORLAN NICOLAE – Tariverde
- MACOVEI VIOREL – Tariverde

LENU MITICĂ , următorilor

- DĂNILĂ DAN - Gura Dobrogei
- DĂNILĂ GHEORGHE - Gura Dobrogei
- TĂRNICERIU AURICA Gura Dobrogei
- TĂRNICERIUMIHAI - Gura Dobrogei
- TĂRNICERIU GHEORGHE - Gura Dobrogei
- ZUGRAVU ION - Gura Dobrogei
- ILIŞCĂ ILIE - Gura Dobrogei
- GRĂDINARIU CARMEN - Gura Dobrogei
- ANTOŞICĂ MARIAN - Gura Dobrogei
- ANTOŞICĂ NICOLAE - Gura Dobrogei
- TOCICĂ NICOLAE , următorilor
- HARTANU MIOARA - comuna Cogealac
- PĂDUROIU CĂTĂLIN – Râmnic
- TRAŞCU LIVIU – Râmnic
- OPREA GHEORGHE – Râmnic
- OPREA CLAUDIA – Râmnic
- GABOR OLIMPIA – Râmnic
- TRANDAFIR DANIEL – Râmnic
- DURĂ COSTEL – Râmnic
- OPREA PARASCHIVA – Râmnic

- BĂRAN CARMEN-IZABELA – Râmnic
- SLĂVESCU VALERIU – Râmnic
- CONSTANTIN FLORICĂ – Râmnic
- TĂGÂRŢĂ DANIEL – Râmnic
- BICU IULIAN – Tariverde
- RĂDULESCU ROMULUS – Râmnic
- BENGA OLGA - comuna Cogealac
- DURA EMIL - comuna Cogealac
- ABOAICEI MARIA - Gura Dobrogei
- BARBU DANIEL-IONUŢ – Râmnic
- MACOVEI VIOREL - Tariverde

BIZDUNĂ NICOLAE, următorilor

- BUŞEGEANU NELU VASILICĂ – Tariverde
- BUŞEGEANU MARICA – Tariverde
- BUŞEGEANU NICUŞOR – Tariverde
- CIOBANU PETRICĂ – Tariverde

COMAN ILIE, următorilor

- CARAGOP NICOLAE – Tariverde
- VOICA ELENA – Tariverde
- NISTOR NICULINA – Tariverde
- DĂILEANU TUDOR – Tariverde
- BOERU AUREL – Tariverde

CRIŞAN EMILIAN, următorilor

- FRĂŢILĂ FLORIN - comuna Cogealac

Majoritatea învinuiţilor au precizat în declaraţiile lor că sumele de bani oferite alegătorilor de CATI HRISTU şi ceilalţi susţinători au fost obţinute de acesta de la DICĂ CORNEL, administrator al S.C. „EOLICA" CONSTANŢA S.R.L, societate interesată la rândul ei în implementarea în zonă a unor instalaţii eoliene.

În timpul cercetărilor una din părţile vătămate, respectiv S.C. „MONSON ALMA", a pus la dispoziţia organelor de cercetare penală două procuri speciale întocmite, una de soţii CATI HRISTU şi CATI CAMELIA, iar a doua de S.C. „CRIS AGRO STAR" S.R.L., administrată de CATI CAMELIA, prin care aceştia împuterniceau pe S.C. „EOLICA DOBROGEA" S.R.L. să efectueze acte pentru intabularea dreptului de proprietate asupra terenurilor pe care le deţineau, autentificate sub nr.2068/18.08.2009, iar cealaltă sub nr.201019.08.2009, precum şi două contracte de constituire a dreptului de superficie şi a unor drepturi şi servituţi conexe încheiate între aceleaşi părţi, prin care societatea administrată de DICĂ CORNEL intenţiona să construiască pe terenurile respective turbine eoliene, urmând să achite o redevenţă de 3000 euro/an pentru fiecare turbină, documente autentificate sub nr.8467/14.08.2009 şi 8600/18.08.2009.

Din aceste documente rezultă conflictul de interese în care se află primarul CATI HRISTU explicând totodată, în plan subiectiv, comportamentul lui şi al grupului de „talibani" susținători față de reclamantele S.C. „MONSON ALMA" şi S.C. „ERAOS" S.A.

Pe de altă parte, documentele în discuție sunt de natură a suspiciona implicarea financiară a numitului DICĂ CORNEL în campania electorală, atitudinea partinică a lui CATI HRISTU în calitate de primar făcând loc prezumției existenței infracțiunii prevăzute de art.246 din Codul penal.

Aşa cum a rezultat din cercetări, mai multe persoane din comuna Cogealac, care s-au implicat şi l-au susținut pe CATI HRISTU în campania electorală, au fost angajați de către acesta în Primăria comunei Cogealac, fiind salarizate în condițiile în care nu au prestat nici o activitate în folosul comunității.

Pentru verificarea tuturor acestor aspecte, în cauză se va dispune disjungerea şi reinvestirea acestui parchet pentru efectuarea de cercetări separate.

Analizând faptele învinuiților din acest dosar prin prisma prevederile art.18^1 din Cod penal , se constată că acestea sunt în mod vădit lipsite de importanță şi nu prezintă gradul de pericol social al infracțiunii.

Pentru a concluziona astfel s-a avut în vedere modalitatea în concret în care s-au săvârşit faptele, perioada care a trecut, precum şi persoana şi conduita învinuiților.

Aceştia se află la primul conflict cu legea penală, majoritatea acestora fiind la o vârstă înaintată, cu o situație materială precară, unii dintre aceştia neînregistrând nici un venit.

În timpul cercetărilor au dat dovadă de sinceritate şi regretă fapta comisă existând garanția corijării comportamentului de viitor.

Față de cele ce preced, în baza art. 249^1 Cod procedură penală, art. 11 pct.1 lit.b, rap. la art.10 lit. b^1 Cod procedură penală, art.18^1 Cod penal, art. 91 Cod penal, precum şi art.38 din Cod procedură penală,

DISPUN:

1. Scoaterea de sub urmărire penală pentru fapta prev. de art.109 alin.1 din Legea nr.67/2004 a învinuiților:

1. BUTCARU ION – fiul lui Gheorghe şi Constantina, născut la 15.07.1957, în Cogealac, județul Constanța, domiciliat în comuna Cogealac, strada Orizontului nr.39, județul Constanța, fără antecedente penale, CNP 1570715130918;

2. ZGUMĂ CONSTANTIN - fiul lui Iancu şi Elena, născut la 26.07.1969, în Cogealac, județul Constanța , domiciliat în comuna Cogealac, sat Râmnicu de Jos, județul Constanța, antecedente penale - neagă, CNP 1690726130919;

3. RACU ION – fiul lui Dumitru şi Anastasia, născut la data de 25.10.1946, în comuna Cogealac, sat Tariverde, județul Constanța, domiciliat în comuna Cogealac, sat Tariverde, strada Răsăritului nr.32, județul Constanța, fără antecedente penale, CNP 1461125130918;

4. BĂRZOI FLORIN DUMITRU- fiul lui Dumitru şi Elena, născut la data de 05.03.1988, în comuna Cogealac, județul Constanța, domiciliat în comuna

Cogealac, strada Gări nr.51, județul Constanța, antecedente penale – necunoscut, CNP 1880305134162;

5. BĂRZOI AURELIAN GHEORGHE- fiul lui Dumitru și Elena, născut la data de 15.04.1989, în municipiul Constanța , județul Constanța, domiciliat în comuna Cogealac, strada Dobrogei nr.23, județul Constanța, antecedente penale – necunoscut, CNP 1890415134274;

6. TĂRNICIERU MIHAI – fiul lui Gheorghe și Elena, născut la data de 01.11.1947 în Darabani, județul Botoșani, domiciliat în comuna Cogealac, sat Gura Dobrogei, județul Constanța, antecedente penale, CF6, CNP 1471101130914;

7. TĂRNICIERU AURICA – nume purtat anterior ANDRIȘ, fiica lui Vasile și Saveta, născută la 21.02.1953 în Darabani, județul Botoșani, domiciliată în sau Gura Dobrogei, strada Rozelor nr.2, comuna Cogealac, județul Constanța, fără antecedente penale, CNP 2530221130921;

8. COȘCODAR IOAN - fiul lui Ioan-Florian și Floarea, născut la 05.021968, în Iacobeni, județul Sibiu, domiciliat în comuna Cogealab, strada Ale. Nucilor, nr.4 județul Constanța, fără antecedente penale, CNP 1680205130919;

9. GHINDARU EUGENIA – fostă SAVU, fiica lui Stan și Maria, născută la 06.08.1942 în Dăbuleni, județul Dolj, domiciliată în comuna Cogealac, sat Tariverde, strada Progresului nr.2, județul Constanța, CNP 2420806161052;

10. OLARU VIORICA - fostă IRIMIA, fiica lui Gheorghe și Ileana, născută la 004.11.1960, în Gorbosu , județul Iași, domiciliată în comuna Cogealac, sat Tariverde, strada Unirii nr.39, județul Constanța, antecedente penale – nu are, CNP 2601104130936;

11. HÂNDEA FLORENTINA – fostă CRISTEA, fiica lui Ion și Ioana, născută la data de 10.04.1986, în Huși, județul Vaslui, domiciliată în comuna Cogealac, sat Tariverde, județul Constanța, antecedente penale – nu are, CNP 2860410375219;

12. GRĂDINARU CARMEN – fostă CARASAVA, fiica lui Neculai și Adela, născută la 30.08.1974 în Medgidia, județul Constanța, domiciliată în Gura Dobrogei, strada Pajurei, nr.4, județul Constanța, antecedente penale – fără CNP 2740830134043

13. CULCEA ELISABETA – fiica lui Cismaru Ion și Ioniță Floarea născută la data de 01.09.1952 în Tariverde, județul Constanța, domiciliată în sat Tariverde, strada 1 Mai nr.17, comuna Cogealac, județul Constanța, antecedente penale – fără, CNP 2520901130311;

14. APETREA ADRIAN – fiul lui Victor și Elena, născut 29.10.1977, în comuna Cogealac, județul Constanța, domiciliat în comuna Cogeal strada Liliacului nr.78, județul Constanța, antecedente penale – necunoscut, CN 1771029130920;

15. ROȘCA ION – fiul lui Gheorghe și Maria, născut la 21.03.19 în comuna Cogealac, județul Constanța, domiciliul în comuna Cogealac, s Tariverde, strada Progresului nr.5, județul Constanța, antecedente penale – CF CNP1690321130929

16. BORLAN NICOLAE – fiul lui Emanoil şi Stela, născut la 11.07.1977 în Constanţa, judeţul Constanţa,, domiciliat în comuna Cogealac, sat Tariverde, judeţul Constanţa, antecedente penale – CF6, CNP 1770711130911;

17. BORLAN LILIANA – fostă IACOB, fiica lui Sandu şi Coca, născută la 13.03.1986 în Botoşani, judeţul Botoşani, domiciliată în comuna Cogealac, sat Tariverde, strada Răsătirului nr.24, judeţul Constanţa, antecedente penale – CF6, CNP 2860313070050;

18. GUMENI ELENA – fostă CARPĂTORE, fiica lui Puiu Emilian şi Puiu Eugenia, născută la data de 15.11.1978 în Casimcea, judeţul Tulcea, domiciliată în comuna Cogealac, judeţul Constanţa, antecedente penale – CF6, CNP 2781115360013;

19. BAERĂ ŞTEFAN – fiul lui Gheorghe şi Anica, născut la 23.06.1934 în Dunuşti, judeţul Vaslui, domiciliat în comuna Cogealac, judeţul Constanţa, antecedente penale – CF6, CNP1340623130925;

20. SACA NICOLAE – fiul lui Vanghele şi Elena, născut la 12.05.1950 în comuna Cogealac, judeţul Constanţa, domiciliat în comuna Cogealac judeţul Constanţa, antecedente penale CF6, CNP 1500512130923;

21. PREDA ALINA – fostă BUGA, fiica lui Vasile şi Ioana, născută la 06.04.1977 în Constanţa, judeţul Constanţa, domiciliată în comuna Cogealac, strada Orizontului nr.47, judeţul Constanţa, CNP 2770406130919;

22. IRIMIA MARINA – fiica lui Irimia Alexandru şi Gherghina, născută la 22.02.1953 în Teleormanu, judeţul Teleorman, domiciliată în comuna Cogealac, judeţul Constanţa, CNP 2530222360036;

23. TĂGÎRŢĂ DANIEL – fiul lui Ilie şi Viorica, născut la 09.07.1971 în Constanţa, judeţul Constanţa, domiciliat în comuna Cogealac, sat Râmnicu de Jos, strada Mircea cel Bătrân, nr.9A, judeţul Constanţa, antecedente penale – fără, CNP 1710709130917;

24. ICHIM SORINA DANA – fostă IFTIMIE, fiica lui Ion şi Maria, născută la 28.10.1966, în Roman, judeţul Neamţ, domiciliată în comuna Cogealac, sat Tariverde, strada Cişmelei nr.3, judeţul Constanţa, CNP 2661028272641;

25. RADU MARCEL – fiul lui Petru şi Momnica, născut la 22.06.1949 în Şipote, judeţul Iaşi, domiciliat în comuna Cogealac, sat Tariverde strada 1 Mai nr.5, judeţul Constanţa, CNP 1490622135080;

26. BENGA DUMITRU – fiul lui Ion şi Floarea, născut la 22.08.1954 în Fântânele, judeţul Constanţa,, domiciliat în comuna Cogealac, strada Alexandria nr.67, judeţul Constanţa, CNP1540822130914;

27. NICULICIOIU MARIAN- fiul lui Sabin şi Maria, născut la 02.02.1970, în comuna Cogealac, judeţul Constanţa,, domiciliat în comuna Cogealac strada Troiţei nr.2, judeţul Constanţa, CNP 1700202130911;

28. BUŞE IONELA SIMONA – fostă GHEORGHIŢEANU, fiica lui Constantin şi Angela, născută la 27.04.1981 în Câmpulung, judeţul Argeş domiciliată în comuna Cogealac, sat Tariverde, strada Răsăritului nr.35, judeţul Constanţa, CNP 2810427030042;

29. DĂILEANU MARIA – fiica lui Apostol şi Maria, născută la 26.08.1940 în Bulgaria, domiciliată în comuna Cogealac, sat Tariverde, strada Răsăritului nr.92, judeţul Constanţa, CNP2400826131215;

- 30. MORARU GHEORGHE – fiul lui Andrei şi Elena, născut la 31.03.1968 în Râmnicu de Sus, judeţul Constanţa, domiciliat în comuna Cogealac, strada Pârâului nr.11, judeţul Constanţa, CNP 1680331130926;

31. HUŢAN VIORICA – fiica lui Natural şi Evdochia, născută la 14.10.1956 în Suceava, judeţul Suceava, domiciliată în comuna Cogealac, Aleea Pârâului nr.5, judeţul Constanţa, CNP 2561014130914;

32. FEGHIU OLGA – fostă TUDOŞANU, fiica lui Constantin şi Aglaia, născută la 12.10.1963 în Suliţa, judeţul Botoşani, domiciliată în comuna Cogealac, strada Gării nr.2, judeţul Constanţa, CNP 2631012070077;

33. NISTOR NICULINA – fiica lui Olea Enache şi Elena, născută la 01.12.1938 în Bulgaria, domiciliată în comuna Cogealac, sat Tariverde, str a Răsăritului nr.13, judeţul Constanţa, CNP 2381201130911;

34. FEGHIU CONSTANTIN – fiul lui Constantin şi Profira, născut la 04.05.1962 în Suliţa, judeţul Botoşani, domiciliat în comuna Cogealac, judeţul Constanţa, CNP 1620504070066;

35. ICHIM MIREL – fiul lui Natural şi Ichim Ioana, născut la 28.09.1957 în Huruieşti, judeţul Bacău, domiciliat în comuna Cogealac , sat Tariverde, strada Cişmelei nr.3, judeţul Constanţa, CNP 1570928390022;

36. ICHIM MARIA – fostă IRIMIA, fiica lui Alexandru şi Gherghina, născută la 22.02.1953 în Teleormanu, judeţul Teleorman, domiciliată în comuna Cogealac, judeţul Constanţa, CNP 2530222360036;

37. DĂNILĂ DAN – fiul lui Eugeniu şi Elisabeta, născut la 15.08.1960 în Coţuşca, judeţul Botoşani, domiciliat în comuna Cogealac, sat Gura Dobrogei, strada 1 Decembrie, nr.4, judeţul Constanţa, CNP 1600815130910;

38. TÎRÎŢĂ MARIA – fiica lui Marin şi Maria, născută la 04.01.1978 în Constanţa, judeţul Constanţa, domiciliată în comuna Cogealac, strada Câmpului nr.4, judeţul Constanţa, CNP 2780104360014;

- 39. PĂDUROIU CĂTĂLIN – fiul lui Gheorghe şi Maria, născut la 16.07.1987 în Constanţa, judeţul Constanţa, domiciliat în comuna Cogealac, sat Râmnicu de Jos, strada Recoltei, judeţul Constanţa, CNP 1870717134241;

- 40. TRAŞCU LIVIU – fiul lui Ion şi Maria, născut la data de 17.04.1969 în comuna Cogealac, judeţul Constanţa, domiciliat în comuna Cogealac, sat Râmnicu de Jos, strada Speranţei nr.7, judeţul Constanţa, CNP 1690417130915;

- 41. OPREA GHEORGHE – fiul lui Ion şi Maria, născut la data de 08.06.1969 în Constanţa, judeţul Constanţa, domiciliat în comuna Cogealac, sat Râmnicu de Sus, judeţul Constanţa, CNP 169060813036;

- 42. OPREA CLAUDIA – fostă CONSTANTIN, fiica lui Niculae şi Ioana, născută la 22.02.1966 în Râmnicu de Jos, domiciliată în comuna Cogealac, sat Râmnicu de Sus, strada Bradului nr.3, judeţul Constanţa, CNP 2660222130917;

43. LUCHIAN IORDAN – fiul lui Toader şi Petra, născut la 22.04.1943 în Turda, judeţul Tulcea, domiciliat în comuna Cogeala, sat Râmnicu de Jos, strada Recoltei nr.13, judeţul Constanţa, CNP 1430422130915;

44. TODIROI VIOLETA – fostă DAVID, fiica lui Neculai şi Ileana, născută la 25.05.1959 în Lipova, judeţul Bacău, domiciliată în comuna Cogelac, sat Râmnicu de Jos, strada Pârâului nr.7, judeţul Constanţa, CNP 2580525040054;

45. GABOR OLIMPIA – fiica lui Ioan şi Lenuţa, născută la data de 01.04.1988 în Hârşova, judeţul Constanţa, domiciliată în comuna Cogelac, sat Râmnicu de Jos, judeţul Constanţa, CNP 2880401133253;

46. TĂGÎRŢĂ ILIE – fiul lui Natural şi Tăgârţă Marina, născut la data de 11.03.1950 în Uşurei, judeţul Vârcea, domiciliat în comuna Cogealac, sat Râmnicu de Jos, strada Callatis nr.1, judeţul Constanţa, CNP 1500311130915;

47. IONIŢĂ DANIEL – fiul lui Mircea şi Cecilia, născut la 05.07.1976 în Adjud, judeţul Vrancea, domiciliat în comuna Cogealac, sat Râmnicu de Jos, strada Dreptăţii nr.3, judeţul Constanţa, antecedente penale – posedă, CNP 1760705130925;

48. TODIROI MILICĂ – fiul lui Dumitru şi Taseea, născut la 03.01.1955 în Lipova, judeţul Bacău, domiciliat în comuna Cogealac, sat Râmnicu de Jos, strada Mircea cel Bătrân nr.13, judeţul Constanţa, CNP1550103040049;

49. GHIUGHIUCULESEI ION – fiul lui Frenţ şi Nita, născut la 15.10.1942, în comuna Miclăuşeni, judeţul Iaşi, domiciliat în comuna Cogealac, sat Râmnicu de Jos, strada Biruinţei nr.31, judeţul Constanţa, CNP 1421015130916;

50. CIOBANU DOBRE – fiul lui Panait şi Dumitra, născut la 19.03.19412 în Izvoarele, judeţul Tulcea, domiciliat în comuna Cogealac, sat Râmnicu de Jos, judeţul Constanţa, CNP 1410319130927;

51. GHIUGHIUCULESEI VALENTIN – fiul lui Ioan şi Valentina, născut la 27.03.1981 în Constanţa, judeţul Constanţa, domiciliat în comuna Cogealac, sat Râmnicu de Jos, strada Biruinţei nr.31, judeţul Constanţa, CNP 2810327134251;

52. OPREA PARASCHIVA – fostă TRANDAFIR, fiica lui Stanciu şi Maria, născută la 25.11.1936 în Eschibaba, judeţul Tulcea, domiciliată în comuna Cogealac, sat Râmnicu de Jos, strada Speranţei, judeţul Constanţa, CNP 2361125130913;

53. COSTEA TEODORA – fostă DURĂ, fiica lui Ştefan şi Ioana, născută la 04.03.1960 în municipiul Alexandria, judeţul Teleorman, domiciliată în comuna Cogealac, sat Râmnicu de Sus, strada Speranţei nr.5, judeţul Constanţa, CNP 2600304130916;

54. BĂRAN CARMEL ISABELA – fostă ODICĂ, fiica lui Andrei şi Valentina, născută la data de 06.09.1968 în municipiul Constanţa, domiciliată în comuna Cogealac, sat Râmnicu de Sus, strada Merişor nr.1, judeţul Constanţa, CNP 2680906131259;

55. TRAŞCU MARIETA – fostă MATEI, fiica lui Toader şi Floarea, născută la data de 01.10.1961 în comuna Berzumţi, judeţul Bacău,

domiciliată în comuna Cogealac, sat Râmnicu de Sus, strada Speranței nr.14, județul Constanța, CNP 2611001130916;

56. OPREA MARIAN – fiul lui Gheorghe şi Paraschiva, născut la 06.02.1959 în comuna Cogealac, sat Râmnicu de Jos, domiciliat în comuna Cogealac, sat Râmnicu de Jos, strada Agricultorilor nr.3, județul Constanța, CNP 1590206130913;

57. PRUTIANU STOIENEL – fiul lui Gheorghe şi Eleonora, născută la 20.04.1969 în Feteşti, județul Ialomița, domiciliat în comuna Cogealac, sat Tariverde, strada Răsăritului nr.18, județul Constanța, CNP 1690420134046;

58. BUCĂTARU MIHAELA ALINA – fiica lui Petrică şi Maria, născută la 28.10.1977 în Iaşi, județul Iaşi, domiciliată în comuna Cogealac, sat Tariverde, strada Răsăritului nr.16, județul Constanța, CNP 2771028225643;

59. ŞAPTE MIHAI – fiul lui Atanase şi Chirața, născut la 07.11.1973 în comuna Cogealac, județul Constanța , domiciliat în comuna Coge .c, strada Înfrățirii nr.29, județul Constanța, CNP 1731107130917;

60. DURĂ EMIL – fiul lui Ştefan şi Ioana, născut la 03.01.1973 ı.. Alexandria, județul Teleorman, domiciliat în comuna Cogealac, sat Râmnicu de Sus, strada Speranței nr.10, județul Constanța, CNP 1730103130915;

61. ŞAPTE CHERAȚA – fostă LEGANATU, fiica lui Tănase şi Agora, născută la 21.02.1945 în Ceamurlia de Sus, județul Tulcea, domiciliată în comuna Cogealac, strada Înfrățirii nr.24, județul Constanța, CNP 24502211303913;

62. SAPTE ELENA – fostă BARBĂLATĂ, fiica lui Vlad şi Maria, născută la 09.01.1984 în Medgidia, județul Constanța, domiciliată în comuna Cogealac, strada Înfrățirii nr.29, județul Constanța, CNP 28401009132803;

63. BEJAN CARMEN IONELA – fiica lui Ioan şi Mihaela, născută în 19.07.1986 în Botoşani, județul Botoşani, domiciliată în comuna Cogealac, strada Înfrățirii nr.29, județul Constanța, CNP 2860719070027;

64. ŞAPTE NICOLAE – fiul lui Atanase şi Cherața, născ la 28.06.1971 în Cogealac, județul Constanța, domiciliat în comuna Cogealac strada Înfrățirii nr.29, județul Constanța, CNP 1710628130911;

65. GUMENI CONSTANTIN – fiul lui Leonida şi Florica, născut la 05.07.1973 în Cogealac, județul Constanța, domiciliat în comuna Cogealac, județul Constanța, CNP 1730507130910;

66. CURCĂ PETRUȚA – fiica lui Ilie şi Ana, născută la 05.06.1987 în Babadag, județul Tulcea, domiciliată în comuna Cogealac, județul Constanța, CNP 2870606360320;

67. PANDREA SILVIAN – fiul lui Toma şi Alexandrina, născut la 18.05.1964 în Cogealac, județul Constanța, CNP 1640518130910;

68. PANDREA ALEXANDRINA – fostă BALACI, fiica lui Constantin şi Elena, născută la 06.02.1934 în Spasova – Bulgaria, domiciliată în comuna Cogealac, strada Câmpului nr.19, județul Constanța, CNP 2340206130911;

69. ALMĂJANU ADRIAN – fiul lui Niculai şi Simioana, născut la 14.04.1962 în Cogealac, județul Constanța, domiciliat în comuna Cogealac, strada Orizontului nr.30, județul Constanța, CNP 1620414130911;

70. ROŞCA JANA – fiica lui Ilie şi Elena, născută la 13.01.1980 în Constanţa, judeţul Constanţa, domiciliată în comuna Cogealac, sat Tariverde, strada 1 Mai nr.6, judeţul Constanţa, CNP 2800113134245;

71. ROŞCA FLORENTINA – fostă DIMA, fiica lui Gheorghe şi Maria, născută la 06.07.1980 în Comana, judeţul Constanţa,, domiciliată în comuna Cogealac, sat Tariverde, judeţul Constanţa, CNP 2800706131996;

72. POPESCU ION – fiul lui Vasile şi Domnica, născut la 12.01.1953 în Cogealac, judeţul Constanţa, domiciliat în comuna Cogealac, sat Tariverde, strada Răsăritului nr.38, judeţul Constanţa, CNP 1530112130915;

73. CIOBANU PETRICĂ – fiul lui Petru şi Ghiorghina, născut la 06.05.1967 în Ştiubieni, judeţul Botoşani, domiciliat în comuna Cogealac, sat Tariverde, judeţul Constanţa, CNP 1670506130914;

74. HÎNDEA PAVEL – fiul lui Ion şi Marina, născut la 28.01.1981 în Baia de Aramă, judeţul Mehedinţi, domiciliat în comuna Cogealac, sat Tariverde, strada Răsăritului nr.28, judeţul Constanţa, CNP 1810128250599;

75. BICU IULIANA – fiica lui Iancu şi Maria, născută la 01.04.1958 în Constanţa, judeţul Constanţa, domiciliată în comuna Cogealac, sat Tariverde, str. Răsăritului nr.60, judeţul Constanţa, CNP 2580401130910;

76. ŞELARU MARIA – fostă ŞTEFĂNESCU, fiica lui Metodie şi Ioana, născută la 18.07.1945 în Cogealac, judeţul Constanţa, domiciliată în comuna Cogealac, sat Tariverde, judeţul Constanţa, CNP 2450718130915;

77. DĂNILĂ GHEORGHE – fiul lui Ioan şi Elena, născut la data de 01.11.1959 în Darabani, judeţul Botoşani, domiciliat în comuna Cogealac, sat Gura Dobrogei, judeţul Constanţa, CNP 1591101130917;

78. ABABEI ILEANA – fostă APETREA, fiica lui Andrei şi Ileana, născută la data de 09.09.1947 în Gura Dobrogei , judeţul Constanţa, domiciliată în comuna Cogealac, sat Gura Dobrogei, judeţul Constanţa, CNP 2470909130924;

79. DURA GEORGETA – fiica lui Nartural şi Dura Ioana, născută la 27.03.1956 în Bacău, judeţul Bacău, domiciliată în comuna Cogealac, sat Tariverde, str. Constanţei nr.14, judeţul Constanţa, CNP 2560327047788;

80. RĂDULESCU GHEORGHE - fiul lui Carol şi Paraschiva, născut la 19.11.1949 în Slava Cercheză, judeţul Tulcea, domiciliat în comuna Cogealac, sat Râmnicu de Sus, str. Speranţei nr.3, judeţul Constanţa, CNP 1491119130918;

81. RĂDULESCU ROMULUS – fiul lui Gheorghe şi Olguţa, născut la 13.02.1977 în comuna Casimcea, judeţul Tulcea, domiciliat în comuna Cogealac, sat Râmnicu de Sus, str. Speranţei nr.3, judeţul Constanţa, CNP 1770213130917;

82. ABOACEI MARIEA – fiica lui Ion şi Măndiţa, născută la data de 01.01.1939 în comuna Mileanca, judeţul Botoşani, domiciliată în comuna Cogealac, sat Gura Dobrogei, str.Rozelor, judeţul Constanţa, CNP 2390103130910;

83. ICHIM ELENA NICOLETA – fostă NIŢOI, fiica lui Dumitru şi Elena, născută la data de 05.06.1979 în Bacău, judeţul Bacău, domiciliată în comuna Cogealac, sat Tariverde, str.Cişmelei nr.6, judeţul Constanţa, CNP 2790605040103;

84. CRÂNGUŞ SOFIA – fostă Ursache, fiica lui Crânguş Mihai şi Elena, născută la 30.12.1955 în Medgidia, judeţul Constanţa, domiciliată în comuna Cogealac, sat Tariverde, str. Răsăritului nr.27, judeţul Constanţa, CNP 2551230130913;

85. SLĂVESCU VALERIU – fiul lui Alexandru şi Rada, născut la data de 04.11.1972 în Constanţa, judeţul Constanţa, domiciliat în comuna Cogealac, sat Râmnicu de Jos, judeţul Constanţa, CNP 1721104130910;

86. CONSTANTIN FLORICĂ – fiul lui NaTURAL ŞI Claudia, născut la data de 25.04.1982 în Cogelac, judeţul Constanţa, domiciliat în comuna Cogealac, sat Râmnicu de Jos, str Bradului nr.3, judeţul Constanţa;

87. MEAUNĂ VASILE – fiul lui Dumitru şi Ileana, născut la 30.01.1967 în Botoşani, judeţul Botoşani, domiciliat în comuna Cogealac, str.Orizontului nr.22, judeţul Constanţa, CNP 1670130075091;

88. BASA AURICA – fostă MUSCALU, fiica lui Neculae şi Maria, născută la 19.03.1950 în Cogelac , judeţul Constanţa, domiciliată în comuna Cogealac, sat Tariverde, str Răsăritului nr.110, judeţul Constanţa, CNP 2500318130916;

89. TILIŞCĂ ILIE- fiul lui Gheorghe şi Maria, născut la 24.06.1946 în Adăşeni, judeţul Botoşani, domiciliat în comuna Cogealac, sat Gura Dobrogei, judeţul Constanţa, CNP 1460624130912;

90. ZUGRAVU ION – fiul lui Vasile şi Maria, născut la 19.05.1939 în Milceşti, judeţul Vaslui, domiciliat în comuna Cogealac, sat Gura Dobrogei, judeţul Constanţa, CNP 1390519130915;

91. GRĂDINARIU DUMITRU – fiul lui Natural şi Maria, născut la 04.07.1933 în Păltiniş, judeţul Botoşani, domiciliat în comuna Cogealac, sat Gura Dobrogei, str Pajurei nr.4, judeţul Constanţa, CNP 1330704130914;

92. TARNICERIU GHEORGHE – fiul lui Mihai şi Aurica, născut la 16.03.1985 în Constanţa, judeţul Constanţa, domiciliat în comuna Cogealac, sat Gura Dobrogei, str Rozelor nr.2, judeţul Constanţa, CNP 1850316134123;

93. BORLAN STELA – fostă OPREA, fiica lui Constanti şi Leocardia, născută la 15.10.1957 în Grădina, judeţul Constanţa, domiciliată în comuna Cogealac , sat Tariverde, str.Răsăritului nr.13, judeţul Constanţa, CNP 2571015130915;

94. BORLAN EMANOIL – fiul lui Petre şi Maria, născut la data de 23.12.1951 în Cogealac, judeţul Constanţa, domiciliat în comuna Cogealac, sat Tariverde, str. Răsăritului nr.13, judeţul Constanţa, CNP 1511223130911;

95. MOROŞANU GHEORGHE – fiul lui Ioan şi Eugenia, născut la 07.02.1970 în Fălticeni, judeţul Suceava, domiciliat în comuna Cogealac, str Poştei, bloc G02, etj.1, ap.19, judeţul Constanţa, CNP 1700207330789;

96. CEAMANU ION MARIAN – fiul lui Gheorghe şi Elena, născut la 29.10.1983 în Constanţa, domiciliat în comuna Cogealac, sat Tariverde str.Răsăritului nr.140, judeţul Constanţa, CNP 1831029134181;

97. CEANAMU ELENA – fostă MĂNĂILĂ, fiica lui Ştefan ş Teodora, născută la 01.08.1960 în Sighetu Marmaţiei, judeţul Maramureş

domiciliată în comuna Cogealac, sat Tariverde, str.Răsăritului nr.140, județul Constanța, CNP 2600801130916;

98. CARAGOP NICOLAE – fiul lui Gheorghe și Sultana, născut la 28.08.1954 în Cogealac, județul Constanța, domiciliat în comuna Cogealac, sat Tariverde, județul Constanța, CNP 1540828130929;

99. VOICA ELENA – fiica lui Ilie și Maria, născută la 07.07.1979 în Cogealac, județul Constanța, domiciliată în comuna Cogealac, sat Tariverde, str. Deltei nr.11, județul Constanța, CNP 2790707130919;

100. BUȘEGEANU MARIA- fiica lui Nicolae și Florica, născută la 01.09.1944 în Cogealac, județul Constanța, domiciliată în comuna Cogealac, sat Tariverde, județul Constanța, CNP 2440901130936;

101. BUȘEGEANU NELU VASILICĂ – fiul lui Nicușor și Viorica, născut la 22.11.1976 în Constanța, domiciliat în comuna Cogealac, sat Tariverde, str 1 Mai nr.15, județul Constanța, CNP 1761122130919;

102. BUȘEGEANU MARICA – fiul lui AdriAN ȘI Cristina, născut la 03.09.1980 în comuna Cogealac, județul Constanța, domiciliat în comuna Cogealac, sat Tariverde, str 1 Mai nr.15, județul Constanța, CNP 2800903132057;

103 BUȘEGEANU NICUȘOR – fiul lui Nicolae și Florica, născut la 20.06.1950 în Cogealac, județul Constanța, domiciliat în comuna Cogealac, sat Tariverde, str 1 Mai nr.15, județul Constanța, CNP 1500620130919;

104. PALAȘCA ION – fiul lui Nicolae și Vanghelia, născut la 01.10.1938 în Bulgaria, domiciliat în comuna Cogealac, sat Tariverde, str.Răsăritului nr.134, județul Constanța, CNP 1381001130920;

105. HARȚANU MIOARA – fostă BUBOLEA, fiica lui Hristu și Elena, născută la 27.10.1967 în Cogealac, județul Constanța, domiciliată în comuna Cogealac, str. Orizontului nr.43, județul Constanța, CNP 2671027130912;

106. BICAN VASILE – fiul lui Ioan și Anișoara, născut la 19.10.1982 în Cogealac, județul Constanța, domiciliat în comuna Cogealac, sat Tariverde, str.Răsăritului nr.136, județul Constanța, CNP 1821019132051;

107. VASILE TUDORA – fostă STAN, fiica lui Vasile și Petrana, născută la 30.04.1950 în Cogealac, județul Constanța, domiciliată în comuna Cogealac, sat Tariverde, str Cișmelei nr.1, județul Constanța, CNP 2500430130919;

108. BAERĂ STANCA – fostă BANU, născută la 19.11.1933 în Gălbinaș, județul Buzău, domiciliată în comuna Cogealac, județul Constanța, CNP 2331119130914;

109. GĂNUCI MARIA – fostă CIZMARU, fiica lui Natural și Cizmaru Florica, născută la 08.09.1059, în Cogealac, județul Constanța, domiciliată în comuna Cogealac, sat Tariverde, județul Constanța, CNP 2500908130912;

110. BOIERU AUREL – fiul lui Petre și Elena, născut la 02.01.1947 în comuna Cogealac, sat Gura Dobrogei, județul Constanța, domiciliat ăn Gura Dobrogei, sat Tariverde, str Tudor Vladimirescu nr.22, județul Constanța, CNP 1470102130916;

111. MAMUT GHEORGHE – fiul lui Vasile şi Maria, născut la 12.12.1955 în Cogealac, judeţul Constanţa, domiciliat în comuna Cogealac, sat Tariverde, judeţul Constanţa, CNP 1551212130916;

112. DĂILEANU TUDOR – fiul lui Apostol şi Ecaterina, născut la 09.02.1970 în Cogealac, judeţul Constanţa, domiciliat în comuna Cogealac, sat Tariverde, str.Răsăritului nr.98, judeţul Constanţa, CNP 1700209130910;

113. VASILE ILEANA – fostă PAŞCU, fiica lui Ştefan şi Ioana născută la 12.08.1966 în comuna Vişeu de Jos, judeţul Maramureş, domiciliată în comuna Cogealac, sat Tariverde, str.Răsăritului nr.34, judeţul Constanţa, CNP 2660812244242;

114. BENGA LUMINIŢA – fostă GĂITANU, fiica lui Nicolae şi Victoria, născută la 09.11.1989 în Constanţa, domiciliată în comuna Cogealac, str Alexandria, nr.67, judeţul Constanţa, CNP 2891109132059;

115. OANCEA VIOREL – fiul lui Vasile şi Lucica, născut la 17.04.1972 în Constanţa, domiciliat în comuna Cogealac, str Gării nr.4, judeţul Constanţa, CNP 1720417130922;

116. OANCEA LUCICA – fostă TARNICERIU, fiica lui Gheorghe şi Elena, născută la data de 10.06.1950, în Darabani, judeţul Botoşani, domiciliată în comuna Cogealac, strada Gării nr.4, judeţul Constanţa, CNP 2500610130915;

117. TRANDAFIE DANIEL – fiul lui Ion şi Maria, născut la 10.04.1976 în Cogealac, judeţul Constanţa, domiciliat în comuna Cogealac, Râmnicu de Sus, str. Speranţei nr.7, judeţul Constanţa, CNP 1760410133112;

118. DURA COSTEL – fiul lui Natural şi Teodora, născut la 21.01.1985 în Alexandria, judeţul Teleorman, cu domiciliul în comuna Cogealac, sat Râmnicu de Jos, judeţul Constanţa, CNP 1850121340450;

119. DURA CRISTINEL- fiul lui Neculai şi Georgheta, născut la 24.04.1975 în Corbasca, judeţul Bacău, domiciliat în comuna Cogealac, sat Tariverde, str. Tulceai nr.22, judeţul Constanţa, CNP 1750424040097;

120. NEAŢU MARIN – fiul lui Vasile şi Floarea, născut la 25.06.1969 în Istria, judeţul Constanţa, domiciliat în comuna Cogealac, sat Tariverde, Aleea Progresului nr.4, judeţul Constanţa, CNP 1690625130912;

121. CIOBANU ION – fiul lui Alexandru şi Georgeta, născut la 20.04.1983 în Constanţa, domiciliat în comuna Cogealac, sat Tariverde, str.Răsăritului nr.30, judeţul Constanţa, CNP 1830420134154;

122. MACOVEI VIOREL – fiul lui Neculai şi Adela, născut la 12.07.1977 în comuna Lunca, judeţul Botoşani, domiciliat în comuna Cogealac, sat Tariverde, str. Tudor Vladimirescu, nr.21, judeţul Constanţa, CNP 1770712070044;

123. ROŞU IULIAN – fiul lui Ion şi Veronica, născut la data de 06.07.1973 în Constanţa, judeţul Constanţa, domiciliat în comuna Cogealac, sat Tariverde, str.Răsăritului nr.147, judeţul Constanţa, CNP 1730706130923;

124. PAVEL ANTON – fiul lui Zaharia şi Ioana, născut la 10.07.1959 în Beştepe, judeţul Tulcea, domiciliat în comuna Cogealac, sat Tariverde, str. 1 Mai, nr.7, judeţul Constanţa, CNP 1590710135098;

125. NICULICIOIU SABIN – fiul lui Ion şi Ioana, născut la data de 09.03.1945 în Cogealac, judeţul Constanţa, domiciliat în comuna Cogealac, str. Troiţei nr.2, judeţul Constanţa, CNP 1450309130916;

126. FRĂŢILĂ NICULINA – fostă TUFEANU, fiica lui Done şi Maria, născută la 22.03.1937 în Gura Dobrogei, judeţul Constanţa, domiciliată în comuna Cogealac, str. Nucilor nr.4, judeţul Constanţa, CNP 2370322130911;

127. NICULICIOIU LEILA – fostă GHINCEA, fiica lui Ion şi Gulbias, născută la 16.01.1978 în Constanţa, judeţul Constanţa, domiciliat în comuna Cogealac, str. Troiţei nr.2, judeţul Constanţa, CNP 2780116135304;

128. ARAMĂ MANEA – fostă ARAMĂ, fiica lui Ion şi Rada, născută la 10.04.1925 în sat Gura Dobrogei, judeţul Constanţa, domiciliată în comuna Cogealac, sat Gura Dobrogei, str. Şcolii nr.7, judeţul Constanţa, CNP 1250410130918;

129. GUMENI CRISTIAN – fiul lui Leonida şi Florica, născut la data de 31.10.1970 în Cogealac, judeţul Constanţa, domiciliat în comuna Cogealac, judeţul Constanţa, CNP 1701031130919;

130. COŞCODAR ELENA – fostă FRĂŢILĂ, fiica lui Nicola şi Niculina, născută la 18.05.1972 în Cogealac, judeţul Constanţa, domiciliată în comuna Cogealac, strada Nucilor nr.4, judeţul Constanţa, CNP 2720518130912;

131. FRĂŢILĂ FLORIN – fiul lui Ion şi Rada, născut la data de 20.04.1951 în Cogealac, judeţul Constanţa, domiciliat în Cogealac, judeţul Constanţa, CNP 1510420360013;

132. BENGA OLGA – fostă GĂITAN, fiica lui Vasile şi Maria, născută la data de 20.11.1954 în Popeşti, judeţul Iaşi, domiciliată în comuna Cogealac, strada Alexandria, nr.67, judeţul Constanţa, CNP 2541120130916;

133. BENGA ION – fiul lui Dumitru şi Olga, născut la data de 01.02.1979 în Constanţa, judeţul Constanţa, domiciliat în comuna Cogealac, strada Alexandria nr.67, judeţul Constanţa, CNP 1790201130913;

134. MIHALACHE ELENA – fostă ILINCA, FIICA LUI Ion şi Ana, născută la data de 30.04.1954 în Cogealac, judeţul Constanţa, domiciliată în comuna Cogealac, strada Orizontului nr.24, judeţul Constanţa, CNP 2540430130911;

135. MOROŞANU EUGENIA – fostă ROIBU, fiica lui Vasile şi Leonora, născută la data de 17.04.1941 în Valea Glodului, judeţul Suceava, domiciliată în comuna Cogealac, strada Poştei, judeţul Constanţa, CNP 2410517130912;

2. Aplicarea sancţiunii amenzii cu caracter administrativ în cuantum de:

1. BUTCARU ION – 500 lei
2. ZGUMĂ CONSTANTIN – 200 lei
3. RACU ION – 200 lei
4. BĂRZOI FLORIN DUMITRU- 50 lei
5. BĂRZOI AURELIAN GHEORGHE – 50 lei
6. TĂRNICIERU MIHAI – 50 lei

7. TĂRNICIERU AURICA – 50 lei
8. COŞCODAR IOAN – 50 lei
9. GHINDARU EUGENIA – 50 lei
10. OLARU VIORICA - 50 lei
11. HÂNDEA FLORENTINA – 50 lei
12. GRĂDINARU CARMEN – 50 lei
13. CULCEA ELISABETA – 50 lei
14. APETREA ADRIAN – 50 lei
15. ROŞCA ION – 50 lei
16. BORLAN NICOLAE – 50 lei
17. BORLAN LILIANA – 50 lei
18. GUMENI ELENA – 50 lei
19. BAIERĂ ŞTEFAN – 50 lei
20. SACA NICOLAE – 50 lei
21. PREDA ALINA – 50 lei
22. IRIMIA MARINA – 50 lei
23. TĂGÂRȚĂ DANIEL – 50 lei
24. ICHIM SORINA DANA – 50 lei
25. RADU MARCEL – 50 lei
26. BENGA DUMITRU – 50 lei
27. NICULUCIOIU MARIAN – 50 lei
28. BUŞE IONELA SIMONA – 50 lei
29. DĂILEANU MARIA – 50 lei
30. MORARU GHEORGHE – 50 lei
31. HUȚAN VIORICA – 50 lei
32. FEGHIU OLGA – 50 lei
33. NISTOR NICULINA – 50 lei
34. FEGHIU CONSTANTIN – 50 lei
35. ICHIM MIREL – 50 lei
36. ICHIM MARIA – 50 lei
37. DĂNILĂ DAN – 50 lei
38. TÎRÎȚĂ MARIA – 50 lei
39. PĂDUROIU CĂTĂLIN – 50 lei
40. TRAŞCU LIVIU – 50 lei
41. OPREA GHEORGHE – 50 lei
42. OPREA CLAUDIA – 50 lei
43. LUCHIAN IORDAN – 50 lei
44. TODIROI VIOLETA – 50 lei
45. GABOR OLIMPIA – 50 lei
46. TĂGÂRȚĂ ILIE – 50 lei
47. IONIȚĂ DANIEL – 50 lei
48. TODIROI MILICĂ – 50 lei
49. GHIUGHIUCULESEI ION – 50 lei
50 CIOBANU DOBRE – 50 lei

51. GHIUGHIUCULESEI VALENTIN – 50 lei
52. OPREA PARASCHIVA – 50 lei
53. COSTEA TEODORA – 50 lei
54. BĂRAN CARMEL ISABELA – 50 lei
55. TRAŞCU MARIETA – 50 lei
56. OPREA MARIAN – 50 lei
57. PRUTIANU STOIENEL – 50 lei
58. BUCĂTARU MIHAELA ALINA – 50 lei
59. ŞAPTE MIHAI – 50 lei
60. DURĂ EMIL – 50 lei
61. ŞAPRTE CHERAŢA – 50 lei
62. SAPTE ELENA – 50 lei
63. BEJAN CARMEN IONELA – 50 lei
64. ŞAPTE NICOLAE – 50 lei
65. GUMENI CONSTANTIN – 50 lei
66. CURCĂ PETRUŢA – 50 lei
67. PANDREA SILVIAN – 50 lei
68. PANDREA ALEXANDRINA – 50 lei
69. ALMĂJANU ADRIAN – 50 lei
70. ROŞCA JANA – 50 lei
71. ROŞCA FLORENTINA – 50 lei
72. POPESCU ION – 50 lei
73. CIOBANU PETRICĂ – 50 lei
74. HÎNDEA PAVEL - – 50 lei
75. BICU IULIANA – 50 lei
76. ŞELARU MARIA – 50 lei
77. DĂNILĂ GHEORGHE – 50 lei
78. ABABEI ILEANA – 50 lei
79. DURA GEORGETA – 50 lei
80. RĂDULESCU GHEORGHE – 50 lei
81. RĂDULESCU ROMULUS – 50 lei
82. ABOACEI MARIA – 50 lei
83. ICHIM ELENA NICOLETA – 50 lei
84. CRÂNGUŞ SOFIA – 50 lei
85. SLĂVESCU VALERIU – 50 lei
86. CONSTANTIN FLORICĂ – 50 lei
87. MEAUNĂ VASILE – 50 lei
88. BASA AURICA – 50 lei
89. TILIŞCĂ ILIE – 50 lei
90. ZUGRAVU ION – 50 lei
91. GRĂDINARIU DUMITRU – 50 lei
92. TARNICERIU GHEORGHE – 50 lei
93. BORLAN STELA – 50 lei
94. BORLAN EMANOIL – 50 lei

95. MOROŞANU GHEORGHE – 50 lei
96. CEAMANU ION MARIAN – 50 lei
97. CEANAMU ELENA – 50 lei
98. CARAGOP NICOLAE – 50 lei
99. VOICA ELENA – 50 lei
100. BUŞEGEANU MARIA – 50 lei
101. BUŞEGEANU NELU VASILICĂ – 50 lei
102. BUŞEGEANU MARICA – 50 lei
103 BUŞEGEANU NICUŞOR – 50 lei
104. PALAŞCA ION – 50 lei
105. HARŢANU MIOARA – 50 lei
106. BICAN VASILE – 50 lei
107. VASILE TUDORA – 50 lei
108. BAERĂ STANCA – 50 lei
109. GĂNUCI MARIA – 50 lei
110. BOIERU AUREL – 50 lei
111. MAMUT GHEORGHE – 50 lei
112. DĂILEANU TUDOR – 50 lei
113. VASILE ILEANA – 50 lei
114. BENGA LUMINIŢA – 50 lei
115. OANCEA VIOREL – 50 lei
116. OANCEA LUCICA – 50 lei
117. TRANDAFIE DANIEL – 50 lei
118. DURA COSTEL – 50 lei
119. DURA CRISTINEL – 50 lei
120. NEAŢU MARIN – 50 lei
121. CIOBANU ION – 50 lei
122. MACOVEI VIOREL – 50 lei
123. ROŞU IULIAN – 50 lei
124. PAVEL ANTON – 50 lei
125. NICULICIOIU SABIN – 50 lei
126. FRĂŢILĂ NICULINA – 50 lei
127. NICULICIOIU LEILA – 50 lei
128. ARAMĂ MANEA – 50 lei
129. GUMENI CRISTIAN – 50 lei
130. COŞCODAR ELENA – 50 lei
131. FRĂŢILĂ FLORIN – 50 lei
132. BENGA OLGA – 50 lei
133. BENGA ION – 50 lei
134. MIHALACHE ELENA – 50 lei
135. MOROŞANU EUGENIA – 50 lei

3. Potrivit art. 192 al. 1 pct. 2 lit. a C. pr. pen., se stabilesc cheltuieli judiciare în folosul statului în cuantum de **câte 25 lei** ce vor fi suportate **de fiecare** învinuit menționat mai sus.

4. Disjungerea cauzei față de CATI HRISTU, DORE MIHAI, DORE JEAN, DORE CONSTANTIN, DORE ANDREI, MITRENCA MIHAI, BARBU FLORIN, RUSU SINA, ASANACHE GHEORGHE, DUNĂ NICOLAE, BIZDUNĂ NICOLAE, COMAN ILIE, CRIŞAN EMILIAN, TOCICA NICOLAE, LENU MITICĂ, ROŞU COSTEL, CORNEA DANIEL, DICU AURELIAN, NICULESCU CONSTANTIN, MUNTEANU FLORICA, MUNTEANU CONSTANTIN, NICULESCU ILIE, ŞAPTE VALENTIN şi reinvestirea acestui parchet de a efectua cercetări sub aspectul săvârşirii de cei de mai sus a infracțiunilor prev. de art.250 Cod penal, art.180 Cod penal, art.193 Cod penal, art.323 Cod penal, art.109 alin.1 din Legea nr.67/2004.

PROCUROR,

VASILE BALAICAN

red. proc.V.B.
dact.A.L/ex.136

ANEXA 3

Adresa nr. 433/08.05.2012 emisă de Radio România Constanţa către Uniunea Social Liberală privind acordarea timpilor de antenă

Vila Nr. 1 Mamaia
RO-900001
Constanța, România
tel: +40241 831 166
fax: +40241 831 216
secretariat@radioconstanta.ro

Nr. 433/08.05.2012

Către,

UNIUNEA SOCIAL LIBERALĂ
În atenția conducerii

Vă facem cunoscută oferta editorială a Studioului Teritorial Radio România Constanța pentru reflectarea campaniei electorale privind alegerile locale din 10 iunie 2012. Campania se desfăşoară în perioada 11 mai - 7 iunie, potrivit Legii nr.67/2004 şi instrucțiunilor CNA (inclusiv Decizia CNA nr.195/ 2012), şi cuprinde următoarele tipuri de emisiuni:

a) Emisiuni informative:
a1) Buletine de ştiri electorale (56 ediții/campanie):

Titlu: „Alegeri locale 2012. Agenda Electorală"
Durata: 5 minute
Orele: 11.30, 16.30 (luni - vineri)

Pentru difuzarea în timp a informațiilor despre activitatea electorală, vă rugăm să le transmiteți pe adresa de e-mail: **stiri@radioconstanta.ro** cu cel puțin două ore înainte de ora buletinului de ştiri.

b) Emisiuni electorale (20 ediții/campanie):

Titlu: „Alegeri locale 2012. Mesaje electorale"
Durata: 50 de minute
Ora: 18.10 (luni - vineri)

Pentru înregistrarea mesajelor electorale, vă aşteptăm la Radio Constanța de luni până vineri, între orele 9,00 -16,00. Mesajele care se difuzează în aceeaşi zi pot fi înregistrate până la ora 12,00.

Dacă optați pentru mesaje electorale înregistrate de dumneavoastră, le puteți trimite pe adresa de e-mail: **campanie@radioconstanta.ro**, specificând ziua de difuzare şi respectând regula de mai sus referitoare la ora înregistrării.

c) Dezbateri electorale

c1) 2 dezbateri, cu următoarele date de difuzare:
- 30 mai: candidații la preşedinția Consiliului Județean Tulcea;
- 6 iunie: candidații la preşedinția Consiliului Județean Constanța.

Vom difuza 10 emisiuni cu interviuri ale candidaților din municipiile Constanța (16 mai), Tulcea (23 mai), Medgidia (11 mai) şi oraşele Măcin (14 mai), Babadag (18 mai), Năvodari (21 mai), Eforie (25 mai), Cernavodă (28 mai), Mangalia (1 iunie) şi Murfatlar (5 iunie).

Spațiul de difuzare: 13.10 - 14.00 (luni - vineri).

c2) rubrica deschisă cetățenilor (20 de ediții/campanie) se va difuza zilnic - (luni - vineri) în tronsonul matinal, 9,10- 9,15.

Pentru ca întreaga campanie electorală să se desfăşoare în cele mai bune condiţii, vă rugăm să ne transmiteţi numele persoanei desemnate pentru colaborarea cu Radio Constanţa şi adresa de e-mail de pe care transmiteţi ştirile şi mesajele electorale (pentru a ne asigura că vin de la dumneavoastră).

Vă invităm la sediul Radio Constanţa joi, 10 mai, ora 12,00, la o întâlnire cu toţi reprezentanţii partidelor politice, alianţelor politice, alianţelor electorale, organizaţiile cetăţenilor aparţinând minorităţilor naţionale şi candidaţii independenţi, care au depus solicitări pentru acordarea timpilor de antenă, pentru a vă comunica timpul de care beneficiati la Radio Constanţa.

De asemenea, vom stabili împreună detaliile organizatorice privind colaborarea pe durata campaniei electorale.

Persoane de contact:
Dana Sterghiuli – redactor ;
e-mail:danasterghiuli@radioconstanta.ro;
tel :0745 244 119

Adrian Doroş – realizator coordonator;
e-mail: adriandoros@radioconstanta.ro;
tel.: 0745 342 964

Studioul Teritorial Radio România Constanţa are sediul în municipiul Constanţa, Vila nr 1 Mamaia şi emite zilnic între orele 06.00 şi 22.00 pe frecvenţele de unde medii 909 KHz emiţător Valu lui Traian, jud. Constanţa şi 1530 KHz emiţător Nufăru, judeţul Tulcea, precum şi în regim non - stop pe frecvenţa de 100,1MHz emiţător Eforie, judeţul Constanţa.

Raza de acoperire a postului o reprezintă judeţele Constanţa si Tulcea.

REDACTOR SEF,
Daniel Sîrbu

ANEXA 4

Declarații notariale de autodenunț – Iosub Aurel, Tane Daniel și Stroe Elena
Alegeri locale județul Constanța 10 iunie 2012

S-a solicitat autentificarea prezentului act.--

DECLARATIE

Subsemnații **IOSUB AUREL**, cetățean român, cu domiciliul în com. Nicolae Bălcesu, sat Dorobanțu, str. Macului nr. 6, jud, Constanța, posesor a C.I. seria KT, nr. 898996/26.10.2010 eliberată de SPCLEP Ovidiu, cod numeric personal 1921019130919, și **ȚANE DANIEL**, cetățean român, cu domiciliul în com. Nicolae Bălcesu, sat Dorobanțu, str. Viilor nr. 7A, jud, Constanța, posesor a C.I. seria KT, nr. 876961/27.07.2010 eliberată de SPCLEP Ovidiu, cod numeric personal 1920722134167, pe proprie răspundere și sub sancțiunile prevăzute de Codul Penal, privind falsul în declarații, declarăm că:--

Am primit fiecare câte 500 (cincisutelei) LEI - 600 (șasesutelei) LEI de la VALENTIN CREȚU, bani pentru a ne da votul pentru domnul VIOREL BĂLAN, canditat la Primăria com. Nicolae Bălcescu.---

Dăm prezenta declarație autentică spre a servi la organele competente.--------------------

Redactată și listată în 3 (trei) exemplare originale, azi data autentificării, la **Biroul Notarilor Publici Asociați Mariana Iosif și Pătrașcu Ioan-Gabriel,** din Constanța Str. Mircea cel Bătrân Nr.86 Bl.MF2, apt.3. S-au înmânat părților două exemplare.------------------------------

DECLARANȚI,

IOSUB AUREL **ȚANE DANIEL**

S-a solicitat autentificarea prezentului act--

DECLARAȚIE

Subsemnata **STROE ELENA,** cetățean român, fiica lui Mihai și Catinca, născută la data de 16.05.1969 în Municipiul Iași. Jud. Iași, cu domiciliul în sat Dulgheru (comuna Saraiu), str. Valea Lungă nr.5, jud. Constanța, identificată cu CI seria KT nr. 722482/02.07.2008 eliberată de SPCLEP Hîrșova, cod numeric personal 2690516133104, pe propria răspundere și sub sancțiunile prevăzute de Codul Penal privind falsul în declarații, declar că:--

În ziua de joi, 07.06.2012, ora 22:30, au venit la domciliul meu numiții IRIMIA DORINELA, CARATĂ VALI și LUȚĂ NECULAI, care mi-au dat suma de 100 lei pentru a vota pe doamna IRIMIA DORINELA în funcția de Primar la Comuna Saraiu.--

Cu o săptămână-două înainte de vot am fost amenințată de domnul DRĂGHICI DANIEL ELIS că îmi pune foc la casă dacă nu votez cu doamna IRIMIA DORINELA.--

Dau prezenta declarație autentică spre a fi folosită la organele competente.---

Redactată și listată în 3 (trei) exemplare originale, azi data autentificării, la **Biroul Notarilor Publici Asociați Mariana Iosif și Pătrașcu Ioan-Gabriel,** din Constanța Str. Mircea cel Bătrân Nr.86 Bl.MF2, aptr.3. S-au înmânat părții două exemplare.--

DECLARANTĂ,

ANEXA 5

Cotidianul Scânteia – ediția 18 noiembrie 1946

MARȚI, POPORUL ROMAN VOTEAZA:

PENTRU DEMOCRAȚIE care inseamnă:

- dreptul la pâine, muncă, pământ, cultură și LIBERTATE
- o pace dreaptă și trainică și un viitor luminos copiilor noștri
- o Românie independentă, bogată, puternică și infloritoare

CONTRA REACȚIUNII „ISTORICE"

care inseamnă: speculă sabotaj, sărăcie, manevre contra reformei agrare și ațâțări de război

SERIA III — ANUL XVI — Nr. 681 Luni 18 Noemvrie 1946 300 LEI 4 PAGINI

PROLETARI DIN TOATE ȚĂRILE UNIȚI-VA!

Scânteia

ORGAN CENTRAL AL PARTIDULUI COMUNIST ROMAN

Director: MIRON CONSTANTINESCU

Deaceea el votează LISTA NR. 1 a Blocului Partidelor Democrate cu semnul SOAREL

INAINTE PENTRU ZIUA DE MAINE A ROMANIEI!

L. Răutu

Continuare în pag. IV col. 1-2

Primul candidat al Capitalei

Gh. Gheorghiu-Dej

Prin glasul lui vorbesc milioane de oameni care n'au avut niciodată drept la cuvânt

O pagină de luptă eroică din istoria poporului român

E întunerec în celulă. Patul — o tablă de fier masiv ... tare și rece că nu poți sta pe el nici câteva clipe nemișcat, fără să amorțești. Dar omul care e în celulă, parcă nu vede nimic din ce-i în jurul lui. Cu încăpățânare aceiaș, aceiaș, mereu aceiaș întrebare îi vine în minte. Ce s'a mai fi întâmplat acolo afară?

Fusese arestat în ajun, în noaptea de 14 Februarie.

Votați Lista No. 1 cu semnul „SOARELE" Lista B. P. D.

An hotărît să-l ucidă, dar Partidul veghea

Tudor Oloru

Continuare în pag. II col. 1-2

Tov. GH. GHEORGHIU-DEJ

Secretarul General al Partidului Comunist Român

Mâine la orele 15

Toată lumea la Marele Meeting din Piața Națiunii

— Amănunte în pag. III-a —

Plugari!

1.439.284 hectare au avut alocate cu voi, cu femeile, cu copiii voștri lui ugați la plugul robiei, al boalei, al mizeriei, al neștiinței de carte.

1.439.284 hectare a luat guvernul Groza din mâna moșierilor și vi le-a dat vouă ca să vă bucurați voi, femeile și copiii voștri de rodul pământului românesc.

Vreți să știți cine sunt principalii moșieri expropriați?

Vreți să știți cine vrea să vă ia pământul înapoi?

Vreți să știți cine vrea să facă din România de azi, România de ieri?

— Răspunsul îl găsiți în pagina a treia —

Cetățeni! Luați aminte cum trebue să votați!

Puneți ștampila în mijlocul pătrățelului care poartă numărul 1 și semnul „Soarele"

Continuare în pag. II col. 4-5

Votez „SOARELE" pentrucă B. P. D. respectă munca tuturor

„Viitorul fericit al muncitorilor e asigurat prin acest guvern"

„Nouă ni s'a dat pământ, să fim vrednici de el!"

Tovarăşul Gh. Gheorghiu-Dej

(Urmare din pag. I-a)

Feciorul lui Tănase Gheorghiu îndrăgise electricitatea

In mâinile lui se strâng firele uriaşei greve

Deţinutul politic Gh. Gheorghiu-Dej

Când grevişti se adunau în luminişuri de pădure ca pe timpurile haiducilor

Gheorghiu devine membru de Partid

„Dej"

Doftana

Evadarea

In închisoare fiind, face parte din Comitetul Central al Partidului

Iniţiator al unităţii muncitoreşti şi a forţelor democratice

Primul muncitor ministru

„Ceferistul Nr. 1" reface căile ferate

Luptător pentru cauza naţională

Tudor Olaru

Cetăţeni! Luaţi aminte cum trebue să votaţi!

(Urmare din pag. I-a)

POARTA, NUMĂRUL ŞI SEMNUL ELECTORAL „SOARELE", pe care cu conştiinţa liberă am hotărît să-l votăm.

Masive demisii de la „istorici" în preajma alegerilor

Dr. Pop Ioan șeful maniștilor din Sălaj a demisionat din P.N.T., retrăgându-și candidatura

Președintele tineretului manist din Cluj, Popenu a trecut la Frontul Plugarilor. Av. Florin Dorofte, președintele bătrânilor liberali din C.-Lung Bucovina și-a anunțat demisia printr'o chemare publică

[illegible]

La ziariști noștri [illegible]

[illegible]

D. dr. Petru Groza și tov. Ștefan Voitec aclamați de populația Craiovei

[illegible]

Vizita membrilor guvernului la Patriarhul Nicodim al României

[illegible]

Note și comentarii

Asediul artiștilor

[illegible]

Notificările d-lui Maniu

[illegible]

S'a acordat un spor de scumpete pensionarilor Asigurărilor sociale

[illegible]

Încadrarea unor noui categorii de funcționari publici

[illegible]

Încă 7 comune au fost electrificate în Prahova

[illegible]

Avansarea învățătorilor

[illegible]

„Scânteia"
Organ Central al Partidului Comunist Român
Directorul
MIRON CONSTANTINESCU
Redactor responsabil:
Sorin Toma
COMITETUL DE DIRECȚIE
• Lucrețiu D. Pătrășcanu
• Miron Constantinescu
• Gh. Vasilichi
• L. Chișinevschi
• I. Bănu
• Al. Sahia
• N. Popescu-Doreanu

O importantă desmințire americană cu privire la ROMÂNIA

WASHINGTON 16 (Rador). — Agenția franceză de presă transmite din Washington:

Subsecretarul de stat, Dean Acheson, a declarat ziariștilor că este de părere că informația după care Statele Unite s'ar pregăti să ia în considerare retragerea reprezentantului politic al Statelor Unite din România este lipsită de temeiu.

Azi
17 Noembrie ora 10.30 dimineața
în piața Universității
(Statuia Mihai Viteazu)
Un mare meeting al cetățenilor din garnizoana București
Vor vorbi:
• Gh. Gheorghiu-Dej
• Gen. Vasiliu-Rășcanu
• Gen. V. Atanasiu
• Gen. C. A. Dr. Nicolau
• Maria, maior Diaconu (din partea soțiilor ofițerilor)
• Plut. Vasile I. Gh.
• Sold. Nicolae Nicolau

Ieri după amiază la Giulești

Ceferiștii l-au așteptat pe d. Maniu dar... d. Maniu n'a venit

„De ce n'a venit d. Maniu? N'a venit ca să scape de cleștele întrebărilor, pe care noi de aci i le-am fi pus!"
— a spus tov. Gh. Gheorghiu-Dej —

[illegible]

Discursul tov. Gh. Gheorghiu-Dej

[illegible]

Diversiunile reacționii

[illegible]

ERI LA TEATRUL SAVOY, ÎN CADRUL UNUI IMPUNĂTOR MEETING

Femeile Capitalei au hotărât să voteze pentru pace și democrație

Au luat cuvântul tov. Ana Pauker, d-na Florica Bagdasar, Maria Tonciulescu, Valeria Sadoveanu, Natalia Negrițescu

[illegible]

La procesul de la Curtea Marțială

Capii opoziției iau în brațe pe teroriștii fasciști

[illegible]

Cetățeni și Cetățene, veniți cu toții la

Întrunirile de azi Duminică 17 Noembrie ale Blocului Partidelor Democrate

[illegible]

Centre de adăpostire a copiilor în ziua alegerilor

[illegible]

Un grup de ziariști bulgari a vizitat atelierele Grivița Roșie

[illegible]

În ziua de 19 Noembrie Cursurile școlare sunt suspendate

[illegible]

Începe distribuirea zahărului

Formele trebuesc înaintate până Miercuri 20 Noembrie

[illegible]

BLOCUL PARTIDELOR DEMOCRATE
COMITETUL ELECTORAL AL CAPITALEI ORGANIZEAZĂ
Luni 18 Noemvrie 1946, la orele 15
Mare Meeting pe Capitală în Piața Națiunii
VOR LUA CUVÂNTUL:
Tov. GHEORGHE GHEORGHIU-DEJ
Ministrul Comunicațiilor și Lucrărilor Publice
• D. Ministru Ing. Petre Bejan
• D. Ministru G-ral Vasiliu-Rășcanu
• Maestrul Mihail Sadoveanu
• Tovarășa Ana Pauker
• Profesor Alexandru Ionescu
• Tov. Dumitru Pop
Candidați pe lista BLOCULUI PARTIDELOR DEMOCRATE a Capitalei

Știri din Străinătate

CRONICA EXTERNA

Ce se întâmplă în Anglia

[illegible]

Horia Liman

Telegrama Generalissimului Stalin către d. dr. Petru Groza

La telegrama trimisă de d. dr. Petru Groza Președintele Consiliului de Miniștri, cu prilejul celei de-a 29-a aniversări a Marei Revoluții din Octombrie, generalissimul Stalin, a primit următorul răspuns:

Domniei Sale Domnului

Dr. PETRU GROZA

Președintele Consiliului de Miniștri al României

BUCUREȘTI

Vă mulțumesc Domnule Președinte pentru urările prietenești pe care Dvs. mi le-ați adresat cu ocazia celei de a 29-a aniversare a Marei Revoluții din Octombrie.

STALIN

MAINE IN CAMERA COMUNELOR

Politica externă a Angliei va fi supusă unui vot de încredere

LONDRA, 16 (Rador). — [illegible]

Se prevăd desbateri însuflețite

Deputații JOHN MACK și ZILLIACUS apără noua Bulgarie

SOFIA, 16 (AGERPRES). — [illegible]

Anglia trebue să aibă o politică comună cu U.R.S.S.

[illegible]

IZVESTIA despre alegerile din România

LA 19 NOEMBRIE POPORUL ROMAN va lichida forțele întunecate ale trecutului

MOSCOVA, 16 (Rador). — Agenția TASS [illegible]

[illegible]

Ziarul francez „L'ORDRE" scrie

„Istoricii nu s'au străduit în trecut să asigure libertatea ce o cer astăzi"

PARIS, 16 (Rador). — [illegible]

Polonia și Cehoslovacia cer să participe la discutarea problemei germane

[illegible]

La 24 Noembrie alegeri pentru Consiliul Republicii franceze

PARIS, 16 (Rador). — [illegible]

Inainte pentru ziua de mâine a României!

(Continuare din pag. 1-a)

[illegible]

L. Răutu

Partidele democratice din Polonia merg unite în alegeri

VARȘOVIA, 16 (Rador). — TASS [illegible]

Ziariștii români, oaspeți ai U. R. S. S. puternic impresionați de realitățile sovietice

Declarațiile d-lui Gr. Graur

[illegible]

D. Sevastos subliniază promovarea talentelor din masele populare

[illegible]

Popoarele sovietice constitue o forță de neînvins, — declară tov. Macovescu

[illegible]

Congresul scriitorilor iugoslavi

[illegible]

La închiderea ediției

O nouă grevă a 400.000 mineri amenință Statele Unite

WASHINGTON 16 (Rador). Președintele Truman a anunțat că d. John L. Lewis, președintele Federației muncitorilor din mine a [illegible] de a se întrerupe greva minerilor [illegible] în timp.

D. Lewis amenință că va cere celor 400.000 de mineri de sub conducerea sa să declare grevă în cazul când guvernul și proprietarii minelor nu cad de acord în ce privește noul contract de muncă până la data de 20 Noembrie.

IMPRIMERIILE „SCRISUL LIBER" STRADA BRĂTEANU, LVEDERE Nr. 6, BUCUREȘTI

ANEXA 6

E-mail-uri campanie manipulare luna mai 2012, județul Constanța
Stenograme Ion Iliescu – Victor Ponta şi Victor Ponta – Crin Antonescu

----- Forwarded Message -----
From: "anonymous@anonymousromania.net" <anonymous@anonymousromania.net>
To:
Sent: Sunday, May 20, 2012 5:55 PM
Subject: Dezvaluiri SHOCK!!! : Stenograma Ponta - Antonescu Mai 2012

Dl. Ponta: Salut, ce faci?
Dl. Antonescu: Pe aici, cu niste treburi. Zi ce ai vorbit cu mosu'.
Dl. Ponta: Dl. Presedinte vrea sa il legam pana la parlamentare ca sa ajutam si partidul.
Dl. Antonescu: Da, dar stii ca asta cu Mazare era bomba pentru Prezidentiale mai ales in lupta cu MRU (Mihai Razvan Ungureanu). Si cu Mazare ce ai vorbit? Sper ca nu ne-o face sa se retraga inainte. Daca e asa, pierdem o mare oportunitate.
Dl. Ponta: Stii ca e nebun. I-am zis sa nu se retraga ca ne bazam pe el. Da' pe asta il doare la basca. Doar il stii.
Dl. Antonescu: Victore, nu trebuie sa se retraga el ca ne trage si pe noi la fund. Trebuie sa il legam noi. Convinge-l sa ramana in cursa... Stii cat inseamna asta pentru mine ... tu esti Prim Ministru dar eu inca nu sunt Presedinte si doar stii ca suntem in scadere. Avem nevoie de o bomba ca Mazare dar sa explodeze cand vrem noi, nu cand vrea el. Te rog rezolva asta.
Dl. Ponta: Bine, hai ca o rezolv. Vorbim mai tarziu. Pa.
Dl. Antonescu: Salut, vorbim.

Salutari frati si surori, colectivul Anonymous din Romania nu doarme.
In curand toate stenogramele aflate in posesia Anonymous vor fi postate si pe Youtube

Suntem aici vom fi mereu .
Suntem Anonymous .
Nimeni nu ne poate opri.
Suntem o idee .
Suntem o legiune .
Suntem unu si acelasi .

----- Forwarded Message -----
From: "anonymous@anonymousromania.net" <anonymous@anonymousromania.net>
To:
Sent: Sunday, May 20, 2012 5:55 PM
Subject: Dezvaluiri SHOCK!!! : Stenograma Ponta - Antonescu Mai 2012

Dl. Ponta: Salut, ce faci?
Dl. Antonescu: Pe aici, cu niste treburi. Zi ce ai vorbit cu mosu'.
Dl. Ponta: Dl. Presedinte vrea sa il legam pana la parlamentare ca sa ajutam si partidul.
Dl. Antonescu: Da, dar stii ca asta cu Mazare era bomba pentru Prezidentiale mai ales in lupta cu MRU (Mihai Razvan Ungureanu). Si cu Mazare ce ai vorbit? Sper ca nu ne-o face sa se retraga inainte. Daca e asa, pierdem o mare oportunitate.
Dl. Ponta: Stii ca e nebun. I-am zis sa nu se retraga ca ne bazam pe el. Da' pe asta il doare la basca. Doar il stii.
Dl. Antonescu: Victore, nu trebuie sa se retraga el ca ne trage si pe noi la fund. Trebuie sa il legam noi. Convinge-l sa ramana in cursa... Stii cat inseamna asta pentru mine ... tu esti Prim Ministru dar eu inca nu sunt Presedinte si doar stii ca suntem in scadere. Avem nevoie de o bomba ca Mazare dar sa explodeze cand vrem noi, nu cand vrea el. Te rog rezolva asta.
Dl. Ponta: Bine, hai ca o rezolv. Vorbim mai tarziu. Pa.
Dl. Antonescu: Salut, vorbim.

Salutari frati si surori, colectivul Anonymous din Romania nu doarme.
In curand toate stenogramele aflate in posesia Anonymous vor fi postate si pe Youtube

Suntem aici vom fi mereu .
Suntem Anonymous .
Nimeni nu ne poate opri.
Suntem o idee .
Suntem o legiune .
Suntem unu si acelasi .

ANEXA 7

Plângere penală Consiliul Județean Constanța
Dosar 221/P/2011 – 150/P/2012

CONSILIUL JUDEŢEAN CONSTANŢA

CABINET PREŞEDINTE

• Bd.Tomis nr.51, Constanta - 900725• www.cjc.ro • Tel.: +40-241-708001 / Fax:+40-241-708453 • e-mail: consjud@cjc.ro •

nr. 7402 /18.04.2011

Către: Parchetul de pe lângă Curtea de Apel Constanța

Subsemnatul Nicușor Daniel CONSTANTINESCU, în calitate de președinte al Consiliului Județean Constanța, luând la cunoștință de săvârșirea unor infracțiuni în legătură cu îndeplinirea atribuțiunilor de serviciu a unor funcționari publici din cadrul Consiliului Județean Constanța și Regiei Autonome Județene de Drumuri și Poduri Constanța, infracțiuni îndreptate împotriva acestora, în conformitate cu art. 263 Cod Penal și art 221 Cod Procedură Penală, formulez

Plângere penală

Împotriva numiților:

CLAUDIU IORGA PALAZ, având calitatea de prefect al județului Constanța, sub aspectul săvârșirii infracțiunii de abuz în serviciu și instigare la abuz în serviciu împotriva intereselor publice, faptă prevăzută de art. 248 CP și complicitate sub aspectul săvârșirii infracțiunii prevăzute de art. 109 din Legea 67 din 2004

DANCU CONSTANTIN, comisar șef, șeful Poliției Rutiere a județului Constanța, sub aspectul săvârșirii infracțiunii de abuz în serviciu și instigare la abuz în serviciu împotriva intereselor publice, faptă prevăzută de art. 248 CP, precum și favorizarea infractorului, faptă prevăzută de art. 264 CP

NICOLAE ANGHEL, primar al comunei Castelu și prim-vicepreședinte al organizației județene Constanța a Partidului Democrat Liberal, sub aspectul săvârșirii infracțiunii de ultraj prevăzută de art. 239 CP și sub aspectul săvârșirii infracțiunii prevăzute de art. 109 din Legea 67 din 2004

GHEORGHIȚĂ ADRIAN, avocat și consilier județean în CJC din partea Partidului Democrat Liberal sub aspectul săvârșirii infracțiunii de instigare la ultraj și ultraj prevăzută de art. 239 CP și sub aspectul săvârșirii infracțiunii prevăzute de art. 109 din Legea 67 din 2009

TUDOREL CALAPOD, directorul RAR județul Constanța, fost primar PDL al orașului Năvodari sub aspectul săvârșirii infracțiunii prevăzute de art. 109 din Legea 67 din 2009 și infracțiunea de șantaj prevăzută de art. 194 CP

LUMINIȚA NICUȚ, secretar al primăriei Bărăganu, candidat la funcția de primar din partea PDL la alegerile din data de 01 mai 2011 sub aspectul săvârșirii infracțiunii de instigare la ultraj prevăzută de art. 239 CP și sub aspectul săvârșirii infracțiunii prevăzute de art. 109 din Legea 67 din 2004

TUDOREL DOGARU, comisar de poliție, Poliția rutieră a județului Constanța sub aspectul săvârșirii infracțiunii de abuz în serviciu și instigare de abuz în serviciu împotriva intereselor publice, faptă prevăzută de art. 248 CP, precum și favorizarea infractorului, faptă prevăzută de art. 264 CP

Consiliul Județean Constanța în calitate de proprietar al rețelei de drumuri județene din județul Constanța în conformitate cu Legea 213 / 1998, având ca administrator pe RAJDP Constanța, efectuează în mod uzual controale privind masa maximă a autovehiculelor care folosesc drumurile județene împreună cu agenți de Poliție, în conformitate cu protocolul încheiat între CJC, RAJDP și Inspectoratul de Poliție al județului Constanța - Serviciul Poliției Rutiere. În baza acestui program de control, în cursul zilei de sâmbătă 16 aprilie 2011 s-au dispus verificări în mai multe puncte din județ inclusiv pe segmentul de drum județean DJ 308 Ciocârlia - Lanurile. Din echipa mixtă au făcut parte următorii: CRISTIAN NEDELCU- funcționar public CJC, RĂGĂLIE FLORIN - funcționar public CJC, MARIUS BABOȘ - angajat RAJDP, ROȘCA MARIAN - angajat RAJDP, CALU MIRCEA - angajat RAJDP, DAREA DAN - angajat RAJDP. În sprijinul echipei de control, Poliția rutieră a asigurat două echipaje, unul de la postul de poliție Ciocârlia iar celălalt de la postul de poliție Murfatlar.

În jurul orei 09:30, un convoi de 26 autobasculante încărcate cu piatră și-a făcut apariția dinspre localitatea Ciocârlia, refuzând să oprească pentru control la semnalul agentului de poliție, fiind oprit după câțiva kilometri de a doua echipă mixtă.

Coloana de autobasculante era însoțită de mai multe autoturisme în care se aflau prim-vicepreședintele PDL Constanța Nicolae ANGHEL, primar al comunei Castelu, consilierul județean al PDL Adrian GHEORGHIȚĂ (aflat chiar în prima autobasculantă, conform înregistrărilor declarațiilor acestuia), deputatul PDL Constantin CHIRILĂ, directorul Registrului Auto Român din județul Constanța Tudorel CALAPOD, fost primar PDL al orașului Năvodari, primarul PDL al comună Poarta Albă, Vasile DELICOTI, împreună cu candidata PDL la primăria comunei Bărăganu, Luminița NICUȚ.

După oprirea coloanei și apariției membrilor PDL, echipajele de poliție au primit dispoziție telefonică să se retragă din zonă, încălcându-se astfel protocolul încheiat de IPJ cu CJC precum și dispozițiile legale în materie privind controlul pe drumurile publice.

În absența echipajelor de poliție, echipele de control ale CJC și RAJDP, formate din funcționari publici aflați în exercițiul funcțiunii, au fost agresați verbal și fizic, fiind împiedicați să își exercite atribuțiile de serviciu, respectiv de control (Nicolae ANGHEL, Luminița Nicuț, Adrian GHEORGHIȚĂ).

Totodată, presupunem că agresorii conduşi de prim-vicepreşedintele PDL Nicolae Anghel, au comunicat telefonic cu numitul CLAUDIU IORGA PALAZ, acesta fiind identificat de mai mulţi martori în maşina personală (Mercedes S600, culoare neagră, înmatriculare CT08214), la o distanţă de aproximativ 2,5 km de locul evenimentului, urmărind cu binoclul şi coordonând telefonic întreaga acţiune, deşi a susţinut într-o transmisie telefonică în direct la Realitatea TV că nu se afla în zona, declaraţie făcută tocmai pentru a ascunde motivul real al prezenţei sale acolo. Motivul prezenţei sale în zonă este confirmat de faptul că exact în intervalul orar în care a fost observat în zona respectivă, organele de politie şi jandarmeria au înlăturat membrii echipelor de control de pe carosabil şi au permis trecerea autobasculantelor fără a mai fi supuse controlului. Precizăm că numitul CLAUDIU IORGA PALAZ are calitatea de prefect al judeţului Constanţa şi ar trebui conform legii să fie garantul respectării legii şi ordinii publice la nivel local.

Deasemeni, în această perioadă au ajuns la faţa locului mai multe echipaje de poliţie şi jandarmi care în loc să impună respectarea legii şi continuarea controlului, au început să îi legitimeze pe funcţionarii publici din echipele de control, permiţând în continuarea ultragierea acestora de către membrii PDL !

Deşi reprezentanţii Consiliului Judeţean Constanţa şi ai RAJDP i-au solicitat comisarului şef Constantin DANCU, şef al Poliţiei Rutiere, să constate refuzul şoferilor autobasculantelor de a se supune controlului de cântărire şi să constate inexistenţa documentelor de provenienţă şi a documentelor de transport a pietrei, acesta a refuzat, încălcând din nou Protocolul dintre CJC şi IPJ, împiedicând practic efectuarea controlului.

Abuzul în serviciu al comisarului şef Constantin Dancu şi al subordonaţilor acestuia precum şi al jandarmilor, instigaţi de CLAUDIU IORGA PALAZ aflat în imediata apropiere este evident.

Aşa zisul blocaj al drumului judeţean a fost de fapt o diversiune creată chiar de organele de poliţie în scopul îndepărtării echipelor de control ale CJC şi RAJDP.

Fără a avea atribuţii privind controlul cântăririi autovehiculelor şi al administrării drumurilor judeţene, comisarul şef Constantin Dancu, în mod ilegal, a favorizat deplasarea coloanei de autobasculante spre localităţile Lanurile şi Bărăganu unde acestea au fost descărcate, sustrăgându-se astfel de la control.

De precizat este faptul că singura maşină care s-a reuşit a fi cântărită nu avea documente de transport, documente de provenienţă a pietrei iar greutatea depăşea masa totală admisă cu peste 850 de kg, întocmindu-se în acest sens proces verbal de constatare şi sancţionare contravenţională.

Este evident că şi celelalte 25 de autobasculante sustrase controlului se aflau în aceeaşi situaţie, comisarul şef Constantin Dancu prin atitudinea sa favorizand astfel mai multe infracţiuni de natură economică.

Totodată, unii din reprezentanții transportatorilor au precizat că au fost determinați prin șantaj de către Registrul Auto Român condus de fostul primar PDL al orașului Năvodari, Tudorel Calapod (sub amenințarea cu controale și amenzi excesive, fără bază legală) să efectueze în mod gratuit aceste transporturi ilegale de piatră.

Totodată, solicităm efectuarea de cercetări penale *in rem* sub aspectul săvârșirii infracțiunii de evaziune fiscală întrucât la solicitarea membrilor echipelor de control s-a constatat lipsa documentelor de transport și de proveniență a mărfurilor.

Trebuie menționat faptul că în data de 16 aprilie a început în mod oficial campania electorală pentru alegerea primarului comunei Bărăganu, fiind incidente astfel prevederile Legii nr. 67/2004.

În dovedire susținerilor noastre anexăm:

- Anexa A cu identificarea principalilor participanți la incident (13 planșe foto)
- Anexa B cu numerele de înmatriculare și tipul autobasculantelor din convoi (26 planșe foto)
- Suport electronic conținând înregistrări video și foto
- Copie proces verbal de constatare și sancționare contravențională
- Copie după Protocolul de colaborare CJC- IPJ – RAJDP
- Dispoziții de încadrare ca funcționari publici pentru NEDELCU CRISTIAN și RĂGĂLIE FLORIN
- Martori (DELICOTI VASILE, GÂMBUȚEANU ADRIAN, DIMA MARIAN, MOLDOVANU CRISTIAN CARSIUM, ȘENOL CHERIM)

Nicușor Daniel CONSTANTINESCU
Președinte

Anexa B – Masini de transport piatra

Foto nr.	Indicativ cadru	Numar de inmatriculare	Model / culoare	Proprietar / utilizator
B-1	DSC8527	B97NEN	IVECO – rosie	N&A TRANS 77 S.R.L.
B-2	DSC8518	B101NEN	IVECO – rosie	N&A TRANS 77 S.R.L.
B-3	**DSC8532**	**B94BEO**	**MERCEDES – rosie**	IMPERIAL AGRO PALAZ
B-4	DSC8534	B96NEN	IVECO – rosie	N&A TRANS 77 S.R.L.
B-5	DSC8536	B28NEN	IVECO – rosie	N&A TRANS 77 S.R.L.
B-6	DSC8541	B31NXN	IVECO – rosie	N&A TRANS 77 S.R.L.
B-7	DSC8543	B22NEN	IVECO – rosie	N&A TRANS 77 S.R.L.
B-8	DSC8545	B37NXN	IVECO – rosie	N&A TRANS 77 S.R.L.
B-9	DSC8547	B38NXN	IVECO – rosie	N&A TRANS 77 S.R.L.
B-10	DSC8557	CT76YRI	SCANIA – alba	IRY TRANS S.R.L.
B-11	DSC8559	B95WFB	IVECO – rosie	DAF TRANS 2000
B-12	DSC8561	CT82DAF	VOLVO – galbena	DAF TRANS 2000
B-13	DSC8563	B100NEN	IVECO – rosie	N&A TRANS 77 S.R.L.
B-14	DSC8570	CT64DAF	IVECO – rosie	DAF TRANS 2000
B-15	**DSC8573**	**B71SZV**	**MAN – rosie**	IMPERIAL AGRO PALAZ
B-16	**DSC8576**	**B70SZV**	**MAN – rosie**	IMPERIAL AGRO PALAZ
B-17	**DSC8578**	**B85VCT**	**MAN – alba**	IMPERIAL AGRO PALAZ
B-18	**DSC8580**	**B94BMH**	**MERCEDES – rosie**	IMPERIAL AGRO PALAZ
B-19	DSC8583	B43VCT	MAN – alba	IMPERIAL AGRO PALAZ
B-20	DSC8584	B03DXF	MAN – rosie	IMPERIAL AGRO PALAZ
B-21	DSC8586	B97SZV	MAN – rosie	IMPERIAL AGRO PALAZ
B-22	DSC8589	B99SZV	MAN – rosie	IMPERIAL AGRO PALAZ
B-23	DSC8590	B98SZV	MAN – rosie	IMPERIAL AGRO PALAZ
B-24	DSC8591	B99UXA	IVECO – albastra	DAF TRANS 2000
B-25	DSC8592	B99UEX	IVECO – rosie	DAF TRANS 2000
B-26	DSC8598	B89DNX	MAN - alba	IMPERIAL AGRO PALAZ

ANEXA 8

Draft intermediar

Raport de activitate al preşedintelui Consiliului Judeţean Constanţa Constantinescu Nicuşor Daniel şi al consilierilor judeţeni PSD în mandatul 2008 - 2012

RAPORT DE ACTIVITATE

AL PRESEDINTELUI CONSILIULUI JUDETEAN CONSTANTA

CONSTANTINESCU NICUSOR DANIEL

SI AL CONSILIERILOR JUDETENI PSD

MANDATUL 2008-2012

1. AGRICULTURĂ
2. INFRASTRUCTURĂ
   - DRUMURI
   - REȚELE DE APĂ POTABILĂ
3. SANATATE
4. ÎNVĂȚĂMÂNT
5. TURISM
6. SOCIAL
7. CULTURĂ
8. SPORT

B.I.

Cu modificările discutate

30 mai 2012

VOTEZI
USL
PSD
PNL-PC
VOTEZI PENTRU TINE !

1. AGRICULTURA

- **Programul judeţean „Consumăm produse româneşti"**

Programul constă în sprijinirea micilor producători agricoli prin punerea la dispoziţie gratuită de solarii echipate cu sisteme moderne de irigare cu picatura, plase de protecţie împotriva temperaturilor excesive şi rasaduri. Scopul propus este încurajarea şi revigorarea producţiei interne de legume. O cotă de 15% din producţie este direcţionată de Consiliul Judeţean Constanţa familiilor nevoiaşe şi centrelor din subordinea Direcţiei Generale de Asistenţă Socială si Protecţia Copilului.

- Programul se desfaşoară pe perioada 2010 – 2014, bugetul alocat fiind de 1.250.000 Euro. Suma alocată va permite darea în folosinţa gratuită a 2.500 de solarii dotate complet, fiind posibilă obţinerea de 3 culturi succesive anual.
- Până la data de 1 mai 2012 au fost instalate şi predate un număr de 750 de solarii echipate complet, până la sfârşitul acestui an urmând a se mai instala încă 500. Deasemeni, au fost repartizate 560.000 de fire răsaduri (roşii, castraveţi, salată, ardei).

Având în vedere că 85 % din legumele şi fructele aflate pe piaţa românească provin din import, produse cu tehnologii intensive care presupun folosirea chimicalelor (creând un risc sporit pentru sănătatea noastră şi a copiilor noştri precum şi pentru dezvoltarea lor normală) Programul judeţean "Consumăm produse româneşti"reprezintă un pas înainte în asigurarea stării de sănătate a propulaţiei, element pozitiv care se adaugă creării de noi locuri de muncă. În plus, acest program a reprezentat un imbold pentru agricultorii judeţului Constanţa care numai în acest an şi-au construit cu forţe proprii alte peste 1000 de solarii.

- **Programul judeţean de cercetare şi refacere a plantaţiilor de pomi fructiferi**

Programul urmăreşte refacerea livezilor de pomi fructiferi din judeţul Constanţa şi implicarea elevilor din zonele rurale în activităţile specifice de plantare şi îngrijire a acestora.

VOTEZI

VOTEZI PENTRU TINE !

1. AGRICULTURA

Programul se derulează în perioada 2010 – 2013, bugetul alocat fiind de 1.200.000 lei. Puietul de pomi fructiferi este oferit gratuit persoanelor şi instituţiilor interesate.

- Până în prezent au fost plantaţi 83.884 pomi fructiferi în 56 de localităţi pe o suprafaţă de 134,21 ha.

O componentă importantă a acestui program este cea educativă: au fost incluse în program toate şcolile din judeţ, astfel încât fiecare să aibă livada sa, pe terenul aferent unităţii de învăţământ sau pe o parcelă de teren pusă la dispoziţie de primărie. Deasemeni, au fost implicaţi elevii încă de la sădirea pomilor fructiferi, aceştia luându-şi angajamentul de a îngriji pomii până la terminarea ciclului şcolar, moment în care în care vor preda copacii în grija elevilor începători.

- **Programul judeţean de înfiinţare a unor pepiniere silvice în judeţul Constanţa**

Programul a fost iniţiat în anul 2010 şi derulat prin Regia Autonomă Judeţeană de Drumuri şi Poduri din subordinea CJC. Pepinierele silvice infiinţate în zonele Medgidia, Chirnogeni şi Hârşova furnizează puieţii pentru perdelele forestiere de protecţie a drumurilor şi terenurilor agricole. Numărul de puieţi produs şi livrat din producţie proprie a fost de 6 milioane puieţi în anul 2010, 10 milioane puieţi în anul 2011, iar anul acesta (2012) estimăm că producţia va fi de 12 milioane puieţi.

- **Programul judeţean de reconstrucţie ecologică şi împădurirea terenurilor degradate ori improprii folosinţelor agricole**

A fost impadurită o suprafaţă totală de 253,80 ha; 185,58 ha in Harsova si 68,22 ha in Plopeni (Chirnogeni). Valoarea totală a programului a fost de 6.495.796 lei.

VOTEZI
USL
PSD
PNL-PC
VOTEZI PENTRU TINE !

1. AGRICULTURA

- **Programul judeţean de împădurire pentru prevenirea riscului deşertificării şi realizarea de perdele de protecţie a terenurilor agricole**

Proiectul a fost iniţiat în anul 2009 şi până în prezent a fost impadurită o suprafaţă totală de 1.637,44 ha reprezentând parcele aflate pe raza teritorial-administrativă a 26 de localităţi.

În decursul acestui an urmează a mai fi impadurită o suprafaţă de 439,83 ha.

Un subprogram distinct îl reprezintă crearea unor păşuni înconjurate de perdele forestiere cu asigurarea în această incintă protejată astfel a apei pentru adăparea animalelor precum şi a vegetaţiei necesare (cele 9 plante furajere esenţiale) hrănirii optime a acestora. Acest subprogram este în derulare, primele păşuni de acest gen fiind realizate în Ciocârlia, Cobadin, Hârşova şi Topraisar.

- **Programul judeţean de modernizare a oboarelor tradiţionale din judeţul Constanţa**

Programul urmăreşte modernizarea oboarelor tradiţionale precum şi construirea de la zero a unora noi, pentru oferirea unor condiţii moderne şi igienice de comerţ cu produse agro-alimentare şi animale vii. În program sunt incluse 9 oboare în suprafaţă totală de 7,7 ha.

Localităţile care vor beneficia de oboare moderne sunt: General Scărişoreanu (Amzacea), Băneasa (Sudului şi Băneasa), Cobadin, Ghindăreşti, Independenţa, Negru Vodă, Vulturu şi Ciocârlia.

Programul urmăreşte sprijinirea crescătorilor de animale (porcine, ovine, caprine, bovine precum şi pasări din toate speciile şi rasele) în vederea oferirii unui spaţiu la standarde europene de desfacere a produselor (animale vii, produse din carne şi lapte, etc). Pe de alta parte, iniţiativa noastră vine şi în sprijinul consumatorilor din judeţul Constanţa, aceştia având

VOTEZI
USL
PSD
PNL-PC
VOTEZI PENTRU TINE !

astfel posibilitatea de a se aproviziona cu produse naturale, tradiţionale şi proaspete, contribuindu-se astfel la creşterea nivelului de sănătate a populaţiei. După cum se poate observa, acest program, de a consuma produse româneşti din carne şi lapte, este complet funcţional fără existenţa intermediarilor, oferindu-se astfel posibilitatea cetăţenilor de a beneficia de preţuri scăzute.

Totodată, vom achiziţiona un abator mobil modern care va deservi aceste oboare.

- **Sărbătoarea recoltei şi vinului dobrogean**

Evenimentul organizat în fiecare toamnă pe o perioadă de 2 săptămâni de Consiliul Judeţean Constanţa în colaborare cu Primăria Municipiului Constanţa şi Fundaţia Fantasio reprezintă o oportunitate pentru producătorii agricoli din judeţ să işi valorifice producţia în condiţii civilizate, direct catre consumători. Este o modalitate practică de a asigura desfacerea produselor agricultorilor judeţului către consumatori fără intervenţia intermediarilor, adică la un preţ corect. În fiecare toamnă, producătorii pot vinde la Pavilionul Expoziţional legume şi fructe obţinute în gospodăriiile proprii, conserve de legume, zacuscă, gogoşari, castraveţi, murături, gemuri, zarvavaturi de ciorbă, produse din carne şi lapte, etc.

Deasemeni, evenimentul oferă posibilitatea vizitatorilor de a-şi face aprovizionarea de toamnă cu produse româneşti de calitate dar şi prilejul de a-şi petrece după-amiezele într-o atmosferă specifică zilelor recoltei, întreţinută de renumiţi solişti şi ansambluri folclorice. La fiecare ediţie participă peste 250 de producători de legume, fructe, produse din lapte şi carne, miere etc. şi se înregistrează aprox.100.000 vizitatori.

În mandatul următor Consiliul Judeţean Constanţa va investi în construirea şi operarea unui depozit de frig pentru depozitarea produselor agricultorilor din judeţ în vederea asigurării unei ritmicităţi a desfacerii produselor, precum şi într.un sistem de colectare a produselor de la producători, fără intervenţia intermediarilor şi a speculanţilor.

VOTEZI
USL
PSD
PNL-PC
VOTEZI PENTRU TINE !

1. AGRICULTURA

VOTEZI

VOTEZI PENTRU TINE !

2. INFRASTRUCTURA

A. ÎNTREŢINEREA ŞI REABILITAREA REŢELEI DE DRUMURI JUDEŢENE

Programul de întreţinere, reabilitare şi administrare a reţelei de drumuri judeţene (in lungime totală aproape 1.000 km) este derulat prin Regia Autonomă Judeţeană de Drumuri şi Poduri Constanţa (R.A.J.D.P.), în calitate de administrator al drumurilor şi podurilor de interes judeţean. Trebuie menţionat faptul că o majoritate covârşitoare a fondurilor necesare sunt asigurate de Consiliul Judeţean Constanţa datorită atitudinii guvernelor PDL care au redus anual sumele alocate în acest scop. Astfel, sumele alocate în 2012 de la bugetul de stat pentru întreţinerea reţelei de drumuri judeţene reprezintă doar 25 % din sumele alocate în anul 2008 !!!

Consolidări şi reabilitari

În perioada 2008-2011 s-au consolidat şi reabilitat drumuri judeţene pe o lungime de 112,655km, valoarea lucrărilor însumând 170.237.023 lei. Până la sfârşitul anului 2012 vor mai fi consolidate şi modernizate drumuri în lungime de 92,25km, valoarea totală a lucrărilor ridicându-se astfel la 383.463.420 lei

- **Lucrări de întreţinere**

În perioada 2008-2012 s-au realizat lucrări în valoare de 44.299.800 lei reprezentând: plombe (152.000mp) , întreţinere drumuri pietruite (50km), covoare bituminoase (22,45km), tratamente bituminoase (39,75km), lucrări de estetică rutieră, siguranţa circulaţiei, întreţinere poduri/podeţe, eliminare puncte periculoase

- **Programul de pietruire "Să scoatem judeţul Constanţa din noroi"**

În perioada 2008-2012 au fost executate lucrări de pietruire a drumurilor de pământ din localităţile judeţului (pietruire, covor asfaltic, tratament bituminos, consolidări ravene etc.) pe o lungime de 513,63 km în valoare totală de 125.223.910 lei.

Deasemeni au fost pietruite peste 700 de km de uliţe de pământ. Derularea acestui program a fost facilitată de o nouă activitate a Regiei de Drumuri, introdusă în acest mandat, şi anume exploatarea în regie proprie a unor cariere de piatra din judeţul Constanţa, reducându-se astfel cheltuielile materiale.

VOTEZI
USL
VOTEZI PENTRU TINE !

2. INFRASTRUCTURA

Proiecte realizate prin programe operaţionale

- **Reabilitarea şi modernizarea tronsonul DJ228: DN22C (Nazarcea) - DN2A (Ovidiu)**

Lungime 16,1 km, consolidare 1 pod si 17 podeţe, valoare 52.565.276 lei

Un calcul sumar ne arată că preţul de cost pentru 1 km a fost de aproape 500.000 Euro, în condiţiile în care reabilitarea s-a făcut prin refacerea fundaţiei pentru asigurarea traficului greu, s-a asigurat o lăţime de 9 metri, s-au executat rigole de colectare a apelor pluviale şi pe o lungime relativ mică au existat un număr important de podeţe. Comparând cantitatea de materiale şi manopera necesară, putem constata că realizarea unui kilometru de autostradă nu ar trebui să depăşească suma de 1,5 – 2 milioane Euro şi <u>nu 25 de milioane Euro cât s-a practicat de guvernele portocalii în ultimii ani</u> !!!

- **Reabilitarea şi modernizarea de drumuri în staţiunea Techirghiol**

Modernizarea reţelei de drumuri, a trotuarelor, reţelele de alimentare cu apă potabilă, de canalizare ape uzate menajeră pe o lungime de 3,861 km. Au fost modernizate străzile Ovidiu, Traian şi Victor Climescu din centrul staţiunii Techirghiol.

- **Realizarea drumului transfrontalier Dobromir-Krushari (Bulgaria)**

Lucrarea este începută în 2010, cu finalizare în 2012, valoarea proiectului fiind de 6.129.383 Euro. Proiectul constă în execuţia de lucrări de reabilitare/modernizare a 15,82 km de drum transfrontalier între localităţile Dobromir, România şi Krushari, Bulgaria.

- **Realizarea drumului transfrontalier Lipniţa-Kainargea**

Lucrarea este începută în 2010, cu finalizare în 2012, valoarea proiectului fiind de 6.080.206 Euro.

VOTEZI
USL
VOTEZI PENTRU TINE !

2. INFRASTRUCTURA

Proiectul constă în execuția de lucrări de reabilitare/modernizare a 17,11 km de drum transfrontalier între localitățile Lipnița, România și Kainargea, Bulgaria.

Ultimele două proiecte au o importanță deosebită pentru dezvoltarea relațiilor economice dintre sudul județului Constanța şi zona de nord a Bulgariei prin asigurarea unui traseui mai scurt pentru transportul mărfurilor. Deasemeni, zona poate fi inclusă în traseele turistice, având în vedere că la Kainargea s-a semnat în 21 iulie 1774 tratatul cunoscut sub numele Pacea de la Kuciuc Kainargi dintre Imperiul Rus şi cel Otoman prin care s-a permis pentru prima dată construirea de biserici creştine în teritoriile stăpânite până în acel moment de otomani.

B. MODERNIZAREA ŞI EXTINDEREA REŢELEI DE APĂ POTABILĂ, CANALIZARE ŞI EPURARE APE UZATE

Programul de reabilitare şi modernizare a sistemului de alimentare cu apă şi de canalizare consta in întreţinerea, repararea şi modernizarea sistemului de alimentare cu apă şi de canalizare (captarea, tratarea şi distribuţia apei printr-o infrastructură permanentă de conducte principale şi ţevi) si este derulat de SC RAJA SA Constanţa.

Acest program, în valoare de peste un sfert de miliard de Euro este cel mai mare din România şi se implementează pe teritoriul a 5 judeţe în care S.C. RAJA SA activează.

Consiliul judeţean Constanţa a început demersurile de anularea a taxei pe apa meteorică, măsură introdusă de guvernul Boc prin hotărâre de guvern şi care a produs nemulţumire în rândul cetăţenilor. Deasemeni, în colaborare cu primăriile am început evaluările tuturor familiilor cu venituri foarte mici în vederea subvenţionării costului apei şi încălzirii, în toate localităţile judeţului.

- **Activităţi principale:**

-Alimentare cu apă în 130 localităţi
-Colectarea şi evacuarea apelor uzate menajere şi meteorice în 26 localităţi
-Epurarea şi evacuarea apelor uzate în 12 staţii de epurare
-Întreţinerea şi repararea echipamentelor utilizate
-Analize de laborator pentru apa potabilă şi apă uzată, în laboratoare acreditate RENAR

- **Investiţii din surse proprii RAJA** (2008-2011) în 19 localitati:

- reţele canalizare = 11.335 ml, din care 6.756 ml extinderi
- staţie pompare ape uzate = 1 buc.
- reţele apă = 12.027 ml, din care 2.379 ml extinderi
- contori = 3.430 buc.

Proiecte POS MEDIU derulate in perioada 2011-2015

- **Reabilitări şi extinderi reţele apă/canal în 19 localitati în valoare totală de 474.615.442 lei (apă=159.205ml ; canalizare=154.271ml)**:

1. Constanţa (Constanţa, Palazu Mare, Mamaia) – valoare = 174.886.792 lei (apă=53.967ml ; canalizare=51.902ml) – **în implementare**
2. Mangalia - valoare = 23.351.247 lei (canalizare=2.450ml)
3. Medgidia - valoare = 31.968.139 lei (apă=594ml ; canalizare=1.259ml)
4. Cernavodă - valoare = 23.550.321 lei (apă=20.389ml ; canalizare=5.004ml)
5. Eforie - valoare = 20.474.827 lei (apă=5.110ml ; canalizare=5.494ml)
6. Hârşova - valoare = 19.470.509 lei (apă=1.362ml ; canalizare=786ml)
7. Năvodari - valoare = 7.070.600 lei (apă=600ml ; canalizare=4.078ml)
8. Ovidiu - valoare = 9.900.590 lei (apă=1.021ml ; canalizare=2.847ml)
9. Techirghiol - valoare = 16.901.461 lei (apă=8.096ml ; canalizare=6.593ml)
10. Agigea - valoare = 11.870.309 lei (apă=8.682ml ; canalizare=11.418ml)
11. Cobadin - valoare = 14.978.293 lei (apă=2.714ml ; canalizare=5.261ml)
12. Corbu - valoare = 13.592.370 lei (apă=4.395ml ; canalizare=11.444ml)

VOTEZI
USL
PSD
PNL-PC
VOTEZI PENTRU TINE !

13. Cumpăna - valoare = 18.514.882 lei (apă=16.441ml ; canalizare=5.658ml)
15. Limanu - valoare = 2.214.570 lei (canalizare=1.200ml)
14. Lumina - valoare = 4.483.948 lei (apă=1.275ml ; canalizare=5.125ml)
16. Mihail Kogălniceanu - valoare = 37.669.352 lei (apă=29.703ml ; canalizare=14.173ml)
17. Poarta Albă - valoare = 29.221.352 lei
18. Tuzla - valoare = 10.710.558 lei (apă=4.856ml ; canalizare=13.100ml)
19. Valu lui Traian - valoare = 3.785.323 lei (canalizare=6.507ml)

- **"Reabilitarea stației de epurare ape uzate Eforie Sud"**

valoare proiect = 112.693.378 lei

În prezent, S,C. RAJA S.A. a înființat o primă secție de irigații culturi agricole în zona Nazarcea, Consiliul Județean Constanța făcând în prezent demersurile necesare preluării întregului sistem de irigații din județ în vederea reabilitării acestuia și relansării agriculturii. Acest proiect va fi implementat de S.C. RAJA S.A. cu spijinul Consiliului Județean Constanța.

GRAFIC LUCRĂRI DE REABILITARE ŞI MODERNIZARE A REŢELELOR DE APĂ POTABILĂ ÎN MUNICIPIUL CONSTANŢA

Zona Centru

incepere lucrari 08 septembrie 2011

finalizare lucrari 26 decembrie 2013

Nr. crt.	Strada	Lungime retea apa proiectata (m) liniari
	Amplasamente in executie:	
1.	A. Saligny	250
2.	Artileriei	160
3.	Cuza Vodă	500
4.	Olteniei	390
5.	Tudor Vladimirescu	810
6.	Zorilor	75
	Front de lucru neatacat:	
1.	Aleea Remus	185
2.	Avram Iancu	710
3.	C. Brătescu	1100
4.	Călăraşi	820
5.	Călugăreni	400
6.	Castanilor	410

2. INFRASTRUCTURA

Nr. crt.	Strada	Lungime retea apa proiectata (m)
7.	Cpt. P. Romulus	270
8.	D. Bolintineanu	640
9.	Decebal	770
10.	Dobrogeanu Gherea	400
11.	E. Grigorescu	260
12.	George Enescu	560
7.	Gheorghe Lazar	300
8.	Griviței	955
9.	I.G.Duca	1140
10.	Ilarie Voronca	360
11.	Jupiter	350
12.	K. Abdulachim	80
13.	Mercur	250
14.	Mr. Ghe. Murea	370
15.	Nicolae Iorga	700
16.	Panait Moşoiu	430
17.	Petru Vulcan	180
18.	Poporului	385
19.	Sabinelor	500

VOTEZI
USL
PSD
PNL-PC
VOTEZI PENTRU TINE !

2. INFRASTRUCTURA

Nr. crt.	Strada	Lungime retea apa proiectata (m)
20.	Sarmisegetuza	940
21.	Ştefan cel Mare	1010
22.	Ţepeş Vodă	425
23.	Topraisar	300
TOTAL CENTRU:		**17.385**

	MAGISTRALE:	
	Amplasamente in executie:	
1.	Aurel Vlaicu (Incinta Statie Tratare Palas-Aurel Vlaicu-Alba Iulia-Verde-Valului)	840
2.	Cincinat Pavelescu Medeea	900
3.	Comarnic	500
4.	Industriala	1.300
	Front de lucru neatacat:	
1.	Varful cu dor	360
2.	Democratiei	600
3.	Nicolae Milescu	800
4.	Celulozei	640
5.	Alexandru Lapusneanu	1.630
6.	Aurel Vlaicu	520

VOTEZI
USL
VOTEZI PENTRU TINE !

	MAGISTRALE:	
7.	Nicolae Filimon	1.400
TOTAL MAGISTRALE:		**9.490**

Zona Baba Novac - Tulcei

data inceperii lucrarilor 01 martie 2012
data finalizarii lucrarilor 28 august 2013

Nr. crt.	Localitatea/Strada	Lungime retea apa proiectata (m)	Lungime retea canalizare proiectata (m)
	ZONA ANSAMBLUL COMPOZITORILOR		
	Amplasamente in executie:		
1.	Alexandru Bogza	409	504
2.	Dumitru Kiriac	72	111
3.	Operei	353	-
	Front de lucru neatacat:		
1.	Alee intre E.Caudella si Rapsodiei	102	56
2.	Intrare 1 din E. Caudella	62	56
3.	Intrare 2 din E. Caudella	69	50
4.	Intrare din C.Bobescu	127	135
5.	Strada 1 paralela cu C.Bobescu	308	295
6.	Strada 2 paralela cu C.Bobescu	283	290

VOTEZI
USL
PSD
PNL-PC
VOTEZI PENTRU TINE !

2. INFRASTRUCTURA			
Nr. crt.	**Localitatea/Strada**	**Lungime retea apa proiectata (m)**	**Lungime retea canalizare proiectata (m)**
7.	Intrarea Bogdan Vasile	50	260
8.	Cella Delavrancea	32	137
9.	Constantin Bobescu	1132	1038
10.	Dinu Lipatti	156	195
11.	Eduard Caudella	478	738
12.	Intrare din str. Operei	62	-
13.	Filaret Barbu	164	176
14.	Gheorghe Dima	61	80
15.	Hariclea Darclee	336	441
16.	Ion Damaschin	157	161
17.	Ion Voicu	86	115
18.	Iosif Ivanovici	115	237
19.	Paul Constantinescu	79	66
20.	Rapsodiei	324	343
21.	Sergiu Celibidache	285	132
22.	Tiberiu Brediceanu	245	157
23.	Titus Cergau	454	416
24.	Alee intre Rapsodiei si C.Bobescu	86	75
25.	Zeno Vancea	110	99

VOTEZI
USL
VOTEZI PENTRU TINE !

2. INFRASTRUCTURA

Nr. crt.	Localitatea/Strada	Lungime retea apa proiectata (m)	Lungime retea canalizare proiectata (m)
26.	Ion Vidu	-	56
27.	Baba Novac	-	590
28.	Dumitru Cuclin	-	73
29.	Mihail Jora	-	251
30.	Sabin Dragoi	-	64
TOTAL ZONA COMPOZITORILOR:		**7.197**	**7.397**
	ZONA PRELUNGIREA TULCEI		
	Amplasamente in executie:		
1.	Teleajen	169	242
2.	Voievozilor	147	315
3.	Dragaica	-	139
	Front de lucru neatacat:		
	A.D.Xenopol	304	418
	Alexandru Steflea	91	452
	Arnota	289	250
	B.St.Delavrancea	379	377
	Breaza	80	322
	Carei	58	64
	Cotmeanca	266	72

VOTEZI
USL
PSD
PNL-PC
VOTEZI PENTRU TINE !

2. INFRASTRUCTURA

Nr. crt.	Localitatea/Strada	Lungime retea apa proiectata (m)	Lungime retea canalizare proiectata (m)
	Govora	190	247
	Lamaitei	69	131
	Morilor	95	80
	Otopeni	255	239
	Posada	54	56
	Prislop	53	310
	Putnei	101	259
	Scheia	320	319
	Topoloveni	160	302
	Voineasa	257	-
	Vrancioaiei	225	230
	Alee intre str. Vascului si Crasna	-	70
	Intrare din str. Voievozilor	-	97
	Alexandru Alexandridi	-	689
	Cernica	-	264
	Crasna	-	211
	D. Onciu	-	1159
	H. Grigorescu	-	744
	Muscel	-	248

VOTEZI
USL
PSD
PNL-PC
VOTEZI PENTRU TINE !

2. INFRASTRUCTURA			
Nr. crt.	Localitatea/Strada	Lungime retea apa proiectata (m)	Lungime retea canalizare proiectata (m)
	Sanzienelor	-	138
	Vascului	-	187
	Vidin	-	79
TOTAL ZONA PRELUNGIREA TULCEI:		3.562	8.710

Zona Palazu

data inceperii lucrarilor 01 martie 2012
data finalizarii lucrarilor 28 august 2013

Nr. crt.	Localitatea/Strada	Lungime retea apa proiectata (m)	Lungime retea canalizare proiectata (m)
	CARTIER PALAZU MARE		
	Amplasamente in executie:		
1.	Ghe. Baritiu	685	647
2.	Iuliu Maniu	632	839
3.	Navodului	445	417
4.	Popa Sapca	-	373
5.	Tineretului	151	751
6.	Victor Climescu	524	621
	Front de lucru neatacat:		

2. INFRASTRUCTURA

Nr. crt.	Localitatea/Strada	Lungime retea apa proiectata (m)	Lungime retea canalizare proiectata (m)
1.	A. Sahia	-	804
2.	Apicultorilor	604	564
3.	Barbu Catargiu	435	531
4.	Bobalna	151	450
5.	Intrare din str. Theodor Pallady	-	157
6.	Corneliu Baba	428	513
7.	Corneliu Coposu	76	498
8.	Iuliu Maniu	-	-
9.	Intrare din str. Tache Ionescu	-	86
10.	DN 2A*	1054	892
11.	Dumbraveni	704	1192
12.	Eugen Lovinescu	166	472
13.	George Toparceanu	299	527
14.	Gospodariei	84	442
15.	Henri Coanda	252	431
16.	Ion Ghica	129	541
17.	Ionel Teodoreanu	818	977
18.	Islaz	149	449
19.	Liviu Rebreanu	158	531

VOTEZI
USL
PSD
PNL-PC
VOTEZI PENTRU TINE !

2. INFRASTRUCTURA			
Nr. crt.	**Localitatea/Strada**	**Lungime retea apa proiectata (m)**	**Lungime retea canalizare proiectata (m)**
20.	Lucian Blaga	81	410
21.	Macinului	-	464
22.	Papadiei	125	260
23.	Pastorului	352	284
24.	Poiana Mare (Islaz - Stupilor)	228	-
25.	Prelungirea Recoltei	585	1242
26.	Petre Dascalu	-	457
27.	Pionierului	-	961
28.	Plugului	-	142
29.	Poiana Mare	-	137
30.	Proletara	-	142
31.	Rovine	365	328
32.	Salviei	134	241
33.	Santinelei	-	1283
34.	Scanteii	-	137
35.	Socului	-	180
36.	Strada (H. Coanda - B. Catargiu)	56	-
37.	Stupilor	155	114
38.	Stefan Dascalu	-	288

VOTEZI
USL
VOTEZI PENTRU TINE !

2. INFRASTRUCTURA

Nr. crt.	Localitatea/Strada	Lungime retea apa proiectata (m)	Lungime retea canalizare proiectata (m)
39.	Tache Ionescu	587	705
40.	Theodor Pallady	246	83
41.	Timpuri Noi	-	144
42.	Valea Morii	517	680
43.	Vintila Bratescu	245	-
44.	Viilor	-	528
45.	Zavoiului	-	223
TOTAL CARTIER PALAZU MARE:		**11.620**	**22.334**

Zona Peninsula
data inceperii lucrarilor 01 martie 2012
data finalizarii lucrarilor 01 martie 2014

Nr.crt	Localitatea/Strada	Lungime retea apa proiectata (m)	Lungime retea canalizare proiectata (m)
1.	Carpați	400	-
2.	Dr. Cantacuzino	160	146
3.	Cristea Georgescu	160	150
4.	Dr.Reiner	50	95
5.	Ovidiu	180	42
6.	N.Titulescu	565	-

VOTEZI
USL
VOTEZI PENTRU TINE !

2. INFRASTRUCTURA			
Nr.crt	**Localitatea/Strada**	**Lungime retea apa proiectata (m)**	**Lungime retea canalizare proiectata (m)**
7.	Arhiepiscopiei	360	290
8.	Mr.Şonţu	130	
9.	Revoluţiei din 22 Decembrie	160	-
10.	Luntrei	170	132
11.	G.Tocilescu	40	23
12.	Horia	85	63
13.	9 Mai	60	43
14.	Basarabi	60	110
15.	Dianei	100	-
16.	Crângului	50	40
17.	Piaţa Ovidiu	150	-
18.	Marc Aurelius	340	365
19.	Mircea cel Bătrân	640	1883
20.	E.Varga	140	-
21.	Tomis	690	-
22.	Traian	1320	755
23.	V.Canarache	960	240
24.	C.A.Rosetti	80	-
25.	Petru Rareş	130	93

2. INFRASTRUCTURA

Nr.crt	Localitatea/Strada	Lungime retea apa proiectata (m)	Lungime retea canalizare proiectata (m)
26.	Sulmona	360	306
27.	Dimitrie Cantemir	60	50
28.	Callatis	230	170
29.	Doinei	150	80
30.	Vasile Turcanu	80	-
31.	Vântului	100	75
32.	Zambaccian (Marii)	80	33
33.	Karatzali	310	197
34.	V.Alecsandri	180	65
35.	Negru Vodă	180	-
36.	Traian (Negru Vodă)	280	-
37.	Dragos Voda	180	-
38.	M.Kogălniceanu	160	40
39.	Ferdinand	1250	315
40.	Parc Prefectură între Răscoalei şi Traian	380	218
41.	Mihai Viteazu	240	-
42.	Spate BTT-PT 15	-	70
43.	Alee Muzeu Istorie	-	45

2. INFRASTRUCTURA			
Nr.crt	**Localitatea/Strada**	**Lungime retea apa proiectata (m)**	**Lungime retea canalizare proiectata (m)**
44.	Alee in fata sediului vechi al Tribunalului	-	110
TOTAL PENINSULA :		**11.400**	**5.930**

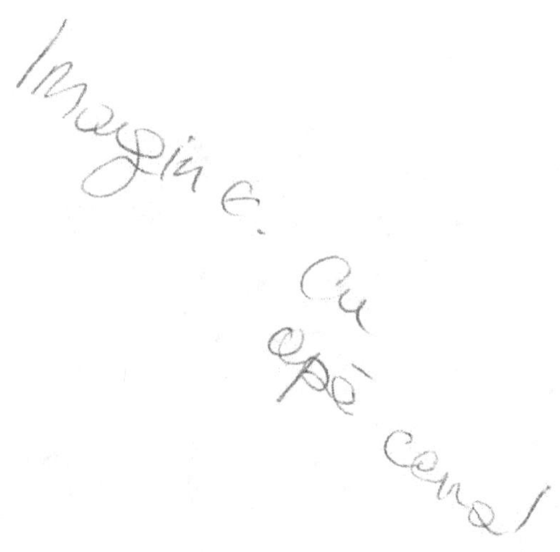

3. SANATATE

Reabilitări si construcții dispensare in zone rurale (lucrări executate de SC DPPJ SRL în perioada 2008-2012)

În perioada 2008-2012 s-au realizat lucrări de reabilitare a 10 dispensare în localitățile Chirnogeni, Ciobanu, Cobadin, Crucea, Fântânele, Grădina, Mihail Kogălniceanu, Pantelimon, Topalu, un grup social şi o farmacie umană în localitatea Sibioara (Lumina). Valoarea totala a lucrarilor s-a ridicat la 7.767.246 lei

Reabilitarea si modernizarea Spitalului Clinic Județean de Urgență Constanța

- **Lucrări generale de reparații în valoare de 800.000 Euro**

Înființarea şi dotarea cu aparatură de ultimă generație a următoarelor secții

- **Secția de Chirurgie Cardiovasculară - 17 noiembrie 2008 - valoare 15.443.404 Euro**

Secția este dotată cu 2 blocuri operatorii. (sistem de aer condiționat cu filtre biologice hepa 9, aparat de răcire a aerului la 7-100 C, lampă scialitică, masă operatorie modernă,

VOTEZI

VOTEZI PENTRU TINE !

complexă, mobilă, pe segmente (cap, trunchi, picioare, mâini); aparate cord-pulmon artificial; aparate de electro-coagulare şi hemostază; aparate de recuperare a celulelor sanguine, monitoare performante; aparate de testare în profunzime a anesteziei; aparate laser pentru varice; aspiratoare cu presiune reglabilă; aparate pentru chirurgia tulburărilor de ritm; aparate pentru operaţii de revascularizare miocardică pe cord bătând; aparate pentru măsurarea debitului sanguin)

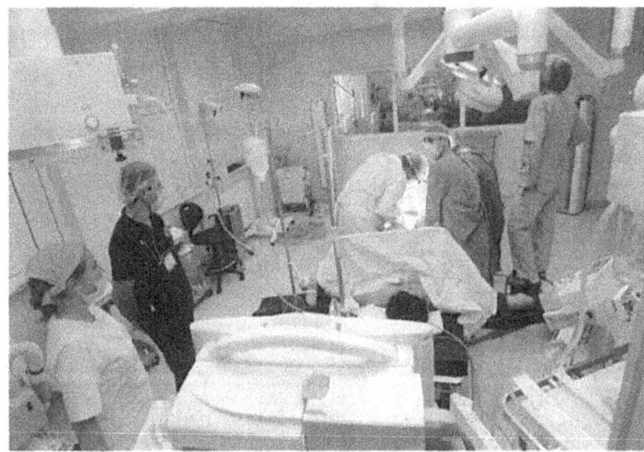

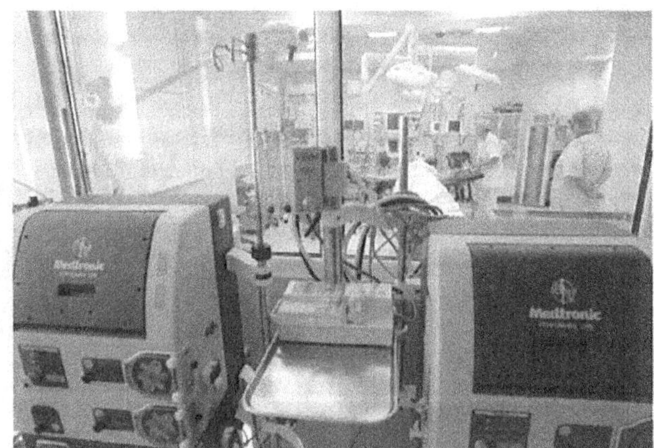

- **Secţia de Dializă - 10 noiembrie 2009 – valoare 500.000 Euro**
- **Secţia de Anestezie şi Terapie Intensivă - 18 noiembrie 2009- valoare 5.000.000 lei**

Secţia este dotată cu aparatură la standarde europene şi cuprinde:

-6 saloane, fiecare având 5 paturi (paturi speciale pentru ATI cu telecomandă, motoare electrice, saltele speciale)

-sistem de aer condiţionat special pentru ATI, pentru filtrarea aerului, 15 ventilatoare, 30 de monitoare, etc.

- **Unitatea de Primiri Urgenţe -11 iulie 2010 – valoare 2.600.000 lei**

Dotată cu aparatură de ultimă generaţie secţia este compusa din: o sală de triaj, o sală pentru terapie intensivă şi o cameră pentru izolare.

In luna octombrie 2010 au început reparaţiile la unitatea veche de urgenţa iar pe 1 aprilie 2011 s-a dat în folosinţă şi aripa veche, Unitatea de Urgenţă de la Constanţa devenind astfel cea mai mare şi modernă din ţară. Cu o investiţie de 6.000.000 lei Unitatea de Primiri Urgenţe de la Spitalul Judeţean se compară cu unităţile similare din occident, având o suprafaţă de 900 mp. In luna august 2011 CJC a achizitionat un endoscop in valoare de 70.000 Euro.

VOTEZI
USL
VOTEZI PENTRU TINE !

3. SANATATE

- **Secția de Chirurgie și Ortopedie Pediatrică - 4 iunie 2009 – valoare 1.840.000 lei**

In luna februarie 2012 Consiliul Județean Constanța a aprobat contractarea unei finanțări rambursabile interne pe 20 ani în valoare de 5.000.000 Euro pentru achiziția de echipamente și aparatură medicală.

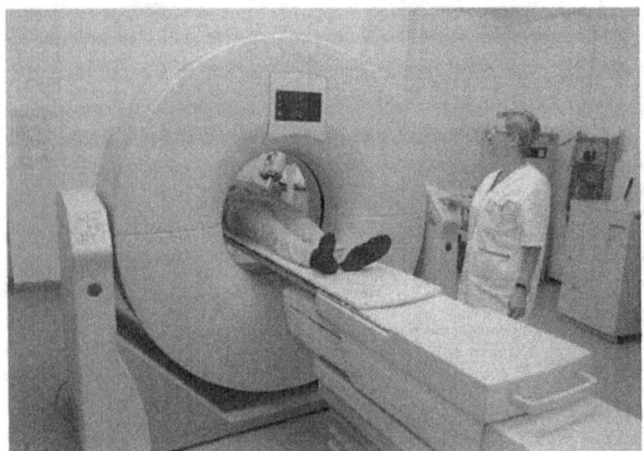

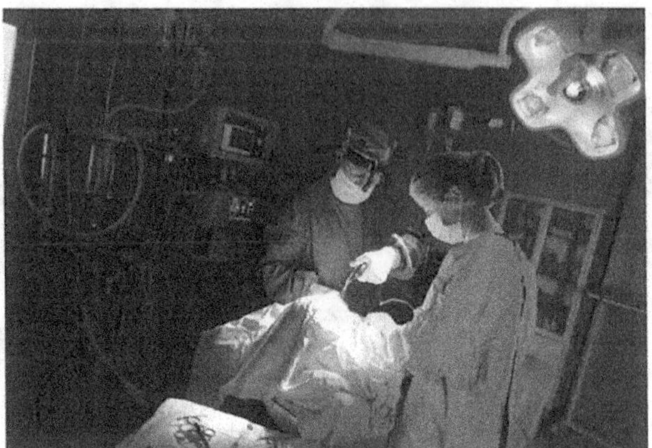

- **Secția Ortopedie-Traumatologie și Urgență - 28 martie 2012 – valoare 6.700.000 Euro**

Secția respectă toate normele impuse de Uniunea Europeană și beneficiază de spații amenajate după ultimele tendințe, respectiv:

- 16 saloane cu 56 de locuri în care condițiile pentru pacienții internați sunt de cinci stele
- camerele de lucru asistenții medicali, laboratorul pentru determinări de urgență, sala de aplicare a protezelor gipsate (inclusiv anexele) și camera pentru medicii anesteziști
- secția este dotată și cu un aparat de radiologie unic în țară, care diagnostichează afecțiunile cu mare precizie
- noul bloc operator se întinde pe o suprafață de 700mp, are 4 săli de operații și un spațiu de sterilizare cu spațiu de pregătire a bolnavului și o zonă postoperatorie și este prevăzut cu un sistem de ventilare cu flux laminar (tehnologie care determină o scădere masivă a infecțiilor intraspitalicești)
- 1 sală dotată ultramodern pentru cazurile de politraume necesară accidentaților cu traume multiple

VOTEZI

VOTEZI PENTRU TINE !

3. SANATATE

- **Sistem de monitorizare video - 26 aprilie 2012 – valoare 400.000 Euro**

Sistem de supraveghere a căilor de acces, a mişcării personalului şi a mijloacelor auto în incinta SCJU este compus din 69 de camere video pe căile de acces exterioare, interioare, pe holurile principale ale unităţii sanitare şi accesul pe fiecare etaj.

- **Instalarea a 4 lifturi noi**

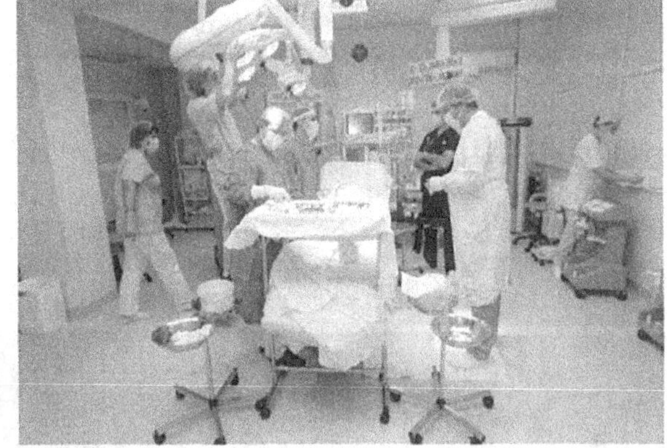

- **Secţia de Oncologie - 17 mai 2012 – valoare 11.000.000 Euro**

Secţia urmează să fie dotată cu 2 acceleratoare nucleare şi cu echipamente ultramoderne care vor permite tratarea bolnavilor de cancer la cele mai înalte standarde

- **Secţia de Cardiologie Intervenţională - 23 mai 2012 - valoare 1.000.000 Euro**

Prin achiziţia unui angiograf, Spitalul Clinic Judeţean de Urgenţă Constanţa va avea cel mai modern Centru de Cardiologie Intervenţională din România - angiograf indispensabil pentru depistarea şi tratarea infarctului miocardic şi dotarea la standarde europene a unei spaţiu din incinta spitalului.

Conform statisticilor, în prezent procentul de decese cazul infarcturilor şi accidentelor cardiovasculare este de 23%. Existenţa acestei secţii va conduce la scăderea procentului de decese la doar 1,5%, cu alte cuvinte, cine va reuşi să ajungă la Spitalul Judeţean Constanţa <u>în maxim 30 de minute de la infarct sau AVC va scăpa cu viaţă</u> !!!

VOTEZI

VOTEZI PENTRU TINE !

3. SANATATE

Pentru ridicarea nivelului calității actului medical, Consiliul județean Constanța a acordat o atenție deosebită atragerii de specialişti în diversele domenii ale medicinii precum şi în pregătirea şi specializarea medicilor deja existenți în cadrul Spitalului Județean Constanța.

Printre medicii aduşi la Constanța amintim:

dl. Marius MILITARU (tel: 0744.643629) – şeful Secției de Chirurgie Cardio-Vasculară, medic primar în chirurgie cardiovasculară cu experiență de 7 ani la Spitalul Floreasca, 4 ani la Spitalul Fundeni şi 3 ani la spitalele din Germania.

dl. Alexandru-Octavian ŞERBAN (tel: 0744.557496) - şeful Sectiei de Ortopedie şi Traumatologie, medic primar ortoped, provenit de la Spitalul Clinic de Urgență Floreasca, experiență de 30 de ani în domeniu, transferat la Constanța împreună cu o echipă de 13 colegi medici şi asistente.

dl. Bogdan MUT-VITCU (tel: 0722.566361) – medic primar cardiolog, supraspecializare in cardiologie interventionala în clinici din Israel şi Austria, specialist în tratarea bolnavilor de infarct, cooptat în colectivul de la SCJU împreună cu încă 2 colegi medici de aceeaşi specialitate.

Marius MILITARU

Alexandru-Octavian ŞERBAN

Bogdan MUT-VITCU

DEPARTAMENTUL INIMII

Conceptul Departamentul Inimii constă în conlucrarea strânsă între:

- **Secția de Cardiologie**
- **Secția de Chirurgie Cardiovasculară**
- **Secția de Cardiologie Intervențională**

Cele trei secții acționează unitar în vederea salvării cazurilor grave (infarct, accident cardiovascular, etc) şi a investigării complete şi a tratării pacienților cu boli de inimă. Noua organizare a celor trei Secții asigură servicii medicale complete la cele mai înalte standarde pentru pacienți, crescându-le astfel speranța de viață.

VOTEZI
USL
PSD
PNL-PC
VOTEZI PENTRU TINE !

4. INVATAMANT

REABILITĂRI / CONSTRUCȚII INSTITUȚII DE ÎNVĂȚĂMÂNT

- **Lucrări executate de SC DPPJ SRL în perioada 2008-2012**

În perioada 2008-2012 s-au realizat lucrări de reabilitare pentru 25 obiective cladiri ale unor unitati de invatamant in urmatoarele localitati: Constanța, Băneasa (Negureni), Hârşova, Agigea, Albeşti, Aliman (Aliman şi Dunăreni), Amzacea, Chirnogeni (Credința), Ciobanu, Ciocârlia (Ciocârlia de Sus şi Ciocârlia de Jos), Cobadin (Viişoara), Crucea (Crişan), Independența (Independența şi Movila Verde), Mihail Kogăliceanu (Piatra), Mircea Vodă (Satu Nou), Târguşor, Topalu, Topraisar (Topraisar, Biruința, şi Potârnichea), Tuzla – lucrări în valoare de 15.236.779 lei

+ imagine veche cu dată

VOTEZI
USL
PSD
PNL-PC
VOTEZI PENTRU TINE !

4. INVATAMANT

Programul de susținere a învățământului preșcolar și preuniversitar clasele I-VIII din mediul rural al județului Constanța

- **Proiectul „Calculatoare pentru elevii de la sate"**

Programul s-a desfăşurat în perioada 2008-2011; s-au înființat 441 laboratoare informatice în 347 unități de învățământ din mediul rural din 64 localitati constand in 403 servere, 3.373 calculatoare, 441 imprimante si echipamentele de rețea aferente.

- **Program „Rechizite şcolare pentru clasele I-VIII"**

Programul a început în 2008, beneficiarii anuali fiind aproximativ 33.000 elevi şcolari şi preşcolari din mediul rural (clasele I-VIII). In cadrul programului Consiliul Judetean Constanta acorda seturi de rechizite şcolare pentru elevi (rucsacuri şcolare, caiete, penare şi truse de geometrie, iar pentru cei de vârsta preşcolară şi cărți de colorat, creioane şi blocuri de desen) – fiecare elev primeşte rechizite de 2 ori pe an, în preajma Sărbătorilor de Paşte şi la începutul anului şcolar.

VOTEZI
USL
PSD
PNL-PC
VOTEZI PENTRU TINE !

4. INVATAMANT

- **Programul „Pom de Crăciun pentru copiii din învăţământul preuniversitar din mediul rural al judeţului Constanţa"**

Programul a început în 2007, beneficiarii anuali fiind 33.000 elevi şcolari şi preşcolari din mediul rural (clasele I-VIII), precum şi (începând cu anul 2009) cei din localităţile din mediul urban care înregistrează un grad ridicat de sărăcie. Anual sunt acordate cadouri copiilor, cu ocazia sărbătorilor de iarnă; cadourile constau în jucării sau articole de îmbrăcăminte, dulciuri şi fructe.

VOTEZI

USL

PSD PNL-PC

VOTEZI PENTRU TINE !

4. INVATAMANT

- **Programul de burse pentru elevii din mediul rural**

În cadrul acestui program sunt premiaţi primii trei elevi din toate clasele din toate şcolile aflate în mediul rural şi zonele defavorizate din judeţul Constanţa.

Programul a început în 2008, beneficiari fiind elevii cu rezultate bune la învăţătură - valoarea totală a burselor acordate în perioada 2008-martie 2012 este de 6.653.500 lei; pentru bursele ce se vor acorda în anul 2012 bugetul estimat este de 1.682.500 lei.

Valoarea unei burse lunare este de 150 lei pentru locul I, 100 lei pentru locul II şi 50 lei pentru locul III.

În luna mai a acestui an Consiliul Judeţean Constanţa a premiat prima generaţie de bursieri CJC care a finalizat studiile liceale.

- **Programul „Spectacole pentru Copii - Constanţa Estival"**

Programul a început în 2008, beneficiarii fiind elevii din zona rurală a judeţului.

Elevii şi profesorii însoţitorii din zona rurală a judeţului beneficiază de excursii gratuite la Constanţa, incluzând vizionarea programelor oferite de Delfinariu, Acvariu şi Circo Acquatico, câteva ore de distracţie în parcul Aqua Magic cât şi o plimbare cu telegondola.

In perioada 2008-2012 au beneficiat de program peste 22.000 de copii din zona rurala a judetului Constanta.

VOTEZI

VOTEZI PENTRU TINE !

4. INVATAMANT

- **Programul județean educativ "Mergem la muzeu - lecții deschise"**

Programul a început în 2012 şi se desfăşoară în perioada 5 mai-24 iunie 2012, în zilele de sâmbătă şi duminică pentru perioada şcolară.

Programul prevede organizarea de lecții deschise la sediul Complexului Muzeal de Ştiințe ale Naturii Constanța şi la Muzeul de Istorie Națională şi Arheologie Constanța.

VOTEZI
USL
PSD
PNL-PC
VOTEZI PENTRU TINE !

4. INVATAMANT

- **Programul județean cultural educativ pentru copii si tineret**

Programul a început în 2008 şi este derulat de Fundaţia „Fantasio" sub coordonarea de Consiliului Judetean Consatnta, beneficiarii fiind copiii şi tinerii din mediul rural. Programul are ca obiectiv organizarea de cursuri şi activităţi cultural artistice, susţinut de instructori şi ansambluri artistice din cadrul instituţiilor de cultură. In program sunt implicate urmatoarele institutii din subordinea CJC: Teatrul de Stat Constanţa, Teatrul de Copii şi Tineret, Biblioteca Judeţeană "Ioan N.Roman" Constanța, Centrul Cultural Judeţean Constanţa "Teodor T.Burada", Complexul Muzeal de Ştiinţe ale Naturii, Muzeul de Artă Constanţa si Muzeul de Istorie Naţională şi Arheologie Constanţa.

- **Programul „Învăţăm să patinăm"**

Program anual prin care se asigură transportul şi accesul liber a 14.000 de elevi din judeţ la patinoar.

- **In perioada 2008 – 2012 a fost acordat sprijin financiar pentru desfăşurarea de evenimente şi activităţi educative şi cultural-artistice următoarelor instituţii / organizaţii:**

Inspectoratul Şcolar Judeţean Constanţa, Universitatea "Ovidius" Constanţa, Universitatea Maritima Constanţa, Asociaţia Studenţilor din Electronică şi Telecomunicaţii, Organizaţia Studenţilor Basarabeni din Constanţa, Colegiul Naţional „Mihai Eminescu", Colegiul Naţional de Arte „Regina Maria", Colegiul Naţional "Mircea cel Bătrân", Biblioteca Judeţeana "I.N.Roman", Liceul Teoretic "Lucian Blaga", Şcoala "Dan Barbilian" Constanţa, Grupul Şcolar Industrial Energetic Cernavodă, Liga Navală Române, etc.

VOTEZI
USL
PSD
PNL-PC
VOTEZI PENTRU TINE !

5. TURISM

Programul „Amenajarea unor centre de prevenție, tratament medical primar şi a punctelor de salvamar în zona litorală Constanța"

Programul demarat în anul 2010 constă în furnizarea de servicii salvamar în localitățile Constanța, Mangalia, Eforie, Năvodari, Costineşti, Limanu şi construcția a 17 baze de salvare şi 145 foişoare de observare

În perioada estivală la nivelul CJC funcționează un dispecerat operativ care centralizează toate evenimentele de pe litoral (traume/accidente, decedați/dispăruți, apeluri la serviciul de ambulanță) şi intervine operativ pentru remedierea deficiențelor.

SPRIJIN FINANCIAR pentru activități de promovare a turismului şi desfăşurarea de evenimente şi activități de profil

Consiliul Județean Constanța, prin intermediul Asociației pentru Promovarea şi Dezvoltarea Turismului LITORAL - DELTA DUNĂRII (al cărei membru fondator este) a sprijinit financiar şi sau logistic desfăşurarea următoarelor activități:

Târgul de Turism "Bursa Litoral - Delta Dunării";

Revelionul Turismului la Mare;

Campania "Cu NATO pe LITORAL - Deschide Litoralul Românesc;

Paşte pe Litoral "Lumina de la Malul Mării";

01 Mai - Deschiderea Oficială a Sezonului Estival - Parada Litoralului Românesc

Programul "Litoralul pentru Toți"

Adunarea generală a MEDCRUISE la ConstanțA

VOTEZI PENTRU TINE !

5. TURISM

Campanii de promovare a regiunii Dobrogea turistică, în mass-media locală şi centrală, la târguri de turism interne şi internaţionale

Implicarea activă a Consiliului Judeţean Constanţa în dezvoltarea Aeroportului Internaţional Mihail Kogălniceanu Constanţa

În anul 2008, cu sprijinul grupului de parlamentari PSD de Constan□a, Consiliul Judeţean Constanţa a intrat în posesia unui pachet de acţiuni de 20% din Aeroportul Internaţional Mihail Kogălniceanu. Implicarea activă în managementul aeroportului a condus la dublarea traficului de pasageri (de la 36.000 in 2007 la 78.000 de pasageri in 2008). Totodată, începând din anul 2008 pe aeroportul Mihail Kogălniceanu a început să opereze RYANAIR, cea mai mare companie de low-cost din Europa. În perioada 2008-2012 au revenit pe acest aeroport companii precum CARPATAIR, BLUE AIR, TAROM, AIR BERLIN, CONDOR etc.

Totodată, constănţenilor li s-a oferit posibilitatea de a călători către noi destinaţii: PISA, BOLOGNA, MILAN, ISTANBUL, BRUXELLES, MUNCHEN, etc.

28 mai 2010

Pe Aeroportul Mihail Kogalniceanu aterizeaza delfinii Nin-Nin, Pei Pei şi Chen-Chen. Cei trei delfini au fost aduşi din China pe cheltuiala Consiliului Judeţean Constanţa pentru a îl înlocui pe delfinul Mark care a încetat din viaţă la vârsta de 35 de ani. Cei trei delfini reprezintă atracţia Complexului Muzeal de Ştiinţe ale Naturii, fiind cel mai căutat obiectiv de turiştii care vizitează litoralul.

VOTEZI PENTRU TINE !

6. SOCIAL

Sprijinirea financiară a persoanelor aflate în dificultate (cazuri sociale si medicale)

64 ajutoare sociale

259 ajutoare medicale

Sume acordate în total:1.901.224 lei + 1.641.811€ + 107.050$

Atenția Consiliului Județean Constanța a fost îndreptată către cazurile grave medicale (cancer, leucemie, malformații, boli rare), cazuri pe care statul român prin Ministerul Sănătății a fost incapabil să le rezolve.

VOTEZI PENTRU TINE !

6. SOCIAL

Proiecte derulate prin Direcţia Generală de Asistenţă Socială şi Protecţia Copilului Constanţa

- **Înfiinţarea Centrului de Zi pentru Copii cu Autism din Constanţa**

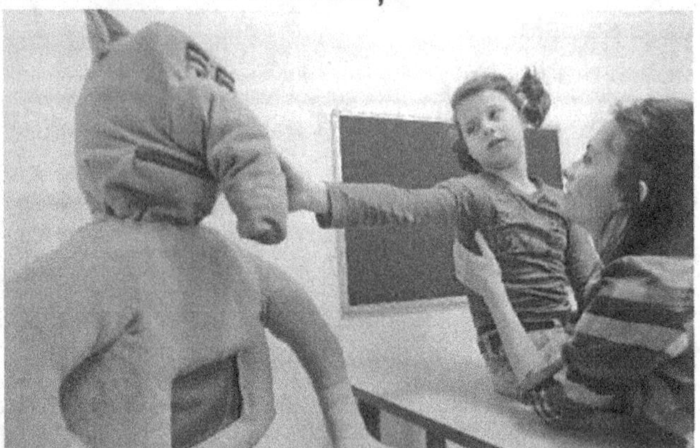

- **Înfiinţarea Centrului de Îngrijire şi Asistenţă „Armonia" din localitatea Negru Vodă**

- **Realizarea de reparaţii capitale la CRRNP Techirghiol Corp B**

VOTEZI
USL
PSD
PNL-PC
VOTEZI PENTRU TINE !

6. SOCIAL

- **Reparații capitale, extindere și modernizare la CRRNP Techirghiol Corp B**

valoare proiect = 8.752.989 lei

- **Dezvoltarea centrului de primire a copilului în regim de urgență prin extinderea unui modul destinat primirii în regim de urgență a mamei și copilului**

valoare proiect = 2.795.024 lei

- **Locuințe protejate de tip familial pentru persoane cu handicap - Cumpăna, județul Constanța** valoare proiect = 1.173.071 lei Totodată, sunt în curs de realizare locuințe protejate în Cumpăna, Topraisar, Negru Vodă.

VOTEZI PENTRU TINE !

6. SOCIAL

- **Reabilitare, modernizare şi dotare la Centrul de recuperare şi Reabilitare Neuropsihiatrică Techirghiol - Corpul A"**

valoare proiect = 3.108.638 lei

- **Reabilitare, modernizare şi dotare la Centrul de recuperare şi Reabilitare Neuropsihiatrică Techirghiol - Corpul C, în vederea înfiinţării unui centru de îngrijire şi asistenţă**

valoare proiect = 3.075.543 lei

- **Reabilitarea şi dotarea Centrului de Plasament Traian**

valoare proiect = 3.634.110 lei

- **Programul judeţean „Consumăm produse româneşti"**

Programul constă în sprijinirea micilor producători agricoli prin punerea la dispoziţie gratuită de solarii echipate cu sisteme moderne de irigare cu picatura, plase de protecţie împotriva temperaturilor excesive şi rasaduri. Scopul propus este încurajarea şi revigorarea producţiei interne de legume. **O cotă de 15% din producţie este direcţionată de Consiliul Judeţean Constanţa familiilor nevoiaşe şi centrelor din subordinea Direcţiei Generale de Asistenţă Socială si Protecţia Copilului.**

VOTEZI
USL
PSD
PNL-PC
VOTEZI PENTRU TINE !

7. CULTURA

REABILITĂRI CLĂDIRI ÎN LOCALITĂȚI RURALE

Au fost reabilitate un număr de 43 de cămine culturale în următoarele localități: Băneasa (Negureni), Hârşova (Vadu Oii), Negru Vodă , Agigea, Albeşti (Vârtop), Chirnogeni (Credința), Ciobanu, Cobadin (Negreşti şi Viişoara), Comana (Tătaru), Corbu, Crucea (Gălbiori, Siriu şi Stupina), Cuza Vodă, Dumbrăveni (Furnica), Gârliciu, Ghindăreşti, Grădina, Independența (Independența, Olteni, Tufani şi Movila Verde), Ion Corvin (Rarîştea), Limanu, Lipnița (Canlia), Mereni, M.Kogălniceanu (Piatra), N.Bălcescu (Dorobanțu), Oltina, Ostrov (Almalău, Gârlița), Pantelimon (Nistoreşti), Pecineaga (Vânători), Peştera (Ivrinezu Mare, Ivrinezu Mic, Izvoru Mare), Rasova, Saligny, Saraiu (Dulgheru), Seimeni (Seimeni, Seimenii Mici), Siliştea, Topraisar (Movilița) Valoarea lucrărilor s-a ridicat la suma de 29.063.702 lei

VOTEZI

VOTEZI PENTRU TINE !

7. CULTURA

FINALIZAREA LUCRĂRILOR LA PAVILION EXPOZIȚIONAL CONSTANȚA

Valoarea obiectivului este de peste 9.000.000 Euro.

REABILITAREA MONUMENTULUI TRIUMFAL TROPAEUM TRAIANI

Valoare proiect: 18.276.205 lei - proiect în derulare

VOTEZI

VOTEZI PENTRU TINE !

7. CULTURA

CONSOLIDAREA CLĂDIRII MUZEULUI DE ISTORIE NAȚIONALĂ ŞI ARHEOLOGIE CONSTANȚA

Valoare lucrări 10.991.049 lei

FINANȚAREA ŞI ORGANIZAREA URMĂTOARELOR EVENIMENTE

- **Festivalul Național de Muzică Uşoara Mamaia**
- **Festivalul Național al Cântecului şi Dansului Popular Românesc Mamaia**
- **Festivalul Internațional al Producătorilor de Film Independenți Mamaia-Constanța**
- **Festivalul Fanfarelor Constanța**
- **1 Decembrie - Ziua Națională a României**

Un alt domeniu important în activitatea Consiliului Județean Constanța este finanțarea activității instituțiilor de cultură din subordine:

- Teatrul de Stat Constanța
- Teatrul de Copii şi Tineret Constanța
- Biblioteca Județeană Ioan N. Roman Constanța
- Muzeul de Artă Constanța
- Muzeul de Istorie Națională şi Arheologie Constanța
- Centrul Cultural "Theodor Burada"

VOTEZI
USL
PSD
PNL-PC
VOTEZI PENTRU TINE !

7. CULTURA

SPRIJINIREA AUTORITĂȚILOR LOCALE ÎN VEDEREA ORGANIZĂRII DIVERSELOR EVENIMENTE

Dintre cele mai importante şi cunoscute evenimente enumerăm:

Topalu – Festivalul Cântului, Dansului şi Portului Popular "Dan Moisescu" Topalu
Cumpana
- participarea ansamblului de copii "Muguraşii Cumpenei" la festivalul "Global Educational"
- participarea ansamblurilor de copii "Muguraşii Cumpenei" şi "Hasiduluc" la festivitățile organizate la Acceay - Turcia cu ocazia sărbătoririi Zilei Copilului - organizarea Festivalului Național de muzică uşoară pentru copii şi tineri interpreți "Delfinul de Mare"
- organizarea Festivalului Național de Folclor pentru Tineri Interpreți „Dor de Cânt Românesc"

Siliştea - "Zilelele Siliştei"
Deleni - achiziționarea a 21 de costume populare pentru Ansamblul „Florile Dobrogei" pentru participarea la Festivalul „Anadolu Folklor Vafki" Trabzon - Turcia
Mangalia -organizarea Festivalul Callatis
Cobadin - "Ziua recoltei"
Mircea Vodă - "Ziua Comunei Mircea Vodă"

VOTEZI PENTRU TINE !

8. SPORT

SPRIJIN FINANCIAR acordat pentru promovarea sportului, organizarea evenimentelor sportive prin intermediul Direcției Județene pentru Sport și Tineret Constanța:

Programul „Socializare, sănătate, mişcare prin sportul şcolar în mediul urban şi rural" pentru implementarea elevilor a valorilor jocurilor sportive de handbal şi fotbal, respectiv spiritul de fair-play, competiția, spiritul de echipă

Turneul Internațional de Handbal Feminin Constanța 2008 pentru crearea unor parteneriate internaționale şi susținerea activității de performanță la nivel de juniori

Festivalul Național de Beach Handbal 2008 pentru promovarea beach handbalului în România şi prima ediție a unui campionat național

Susținerea campaniei de promovare a tenisului pentru organizarea campaniei de promovare a tenisului „10 pentru Andrei Pavel"

Turul Ciclist al României pentru organizarea şi susținerea competițiilor cicliste "Turul Dobrogei" şi "Turul României"

Programul „Sportul - un element al culturii" pentru organizarea a 5 manifestări sportive destinate copiilor şi tinerilor din județul Constanța pentru atragerea acestora în practicarea sportului şi în special a celui de performanță

Programul „Prezent la sport, absent la doctor" pentru organizarea a 10 activități tematice pentru facilitarea, dezvoltarea, coordonarea şi implementarea valorilor practicii sportului în programe menite să susțină elevii şi tineretul în societate, după terminarea studiilor, perioadă în care psihicul şi comportamentul social se dovedesc a fi vitale

Programul „Să vorbim despre Constanța prin sport" pentru promovarea principiilor: minte sănătoasă în corp sănătos, îmbinarea armonioasă a activității sportive accesibilă elevilor cu activitate intelectuală, integrarea şi autonomia socială

VOTEZI
USL
PSD
PNL-PC
VOTEZI PENTRU TINE !

SPRIJIN FINANCIAR ACORDAT ALTOR STRUCTURI SPORTIVE

Fundaţiei pentru Promovarea Sportului Constănţean pentru promovarea şi sprijinirea sportului de performanţă şi a celui de masă practicat în municipiul şi judeţul Constanţa - s-au organizat cursuri pentru antrenori şi managerii de cluburi pentru înfiinţarea şi susţinerea echipelor proprii, organizarea de competiţii sportive, organizarea de acţiuni proprii formative a tinerilor, pregătirea în vederea participării la competiţiile interne/internaţionale, formarea loturilor naţionale de orientare sportivă (şi de rezervă) şi pregătirea acestora pentru participarea în competiţiile internaţionale oficiale, modernizări săli de sport, sprijinirea echipelor etalon ale judeţului etc.

Federaţiei Române de Oină pentru completarea sumelor necesare derulării activităţilor şi pentru implementarea proiectului "Federaţia Internaţională a Sporturilor Tradiţionale cu Mingea Mică"

Fundaţiei Fantasio pentru Cupa Presei la Pescuit Sportiv pentru organizarea competiţie sportive adresată tuturor pescarilor din mass-media

Fundaţiei SPORTIN - pentru:
- Proiectul "Mai - luna porţilor deschise" - practicarea unei activităţi fizice benefice fizicului şi psihicului celor traumatizaţi
- Competiţia de box "Centura de aur" şi pentru manifestările organizate de "Zilele Marinei"

8. SPORT

Cluburi sportive sprijinte de Consiliul Județean Constanța

Clubului Volei Municipal Tomis Constanța
CS Volei 2004 Tomis Constanța
CS Handbal Club Municipal Tomis Constanța
CS Tomis Constanța
CS Universitar Neptun al UMC Constanța
CS Baschet Club FARUL Constanța
CS Rugby Club Județean FARUL Constanța
CS Rugby CALLATIS Mangalia
CS Fotbal Club CALLATIS Mangalia
CS Cleopatra
CS Municipal Medgidia
CS Marea Neagră CS KARATE DINAMIC Constanța
CS Karate Tradițional Asociației Club Sportiv MIRAJ Constanța p
Asociației Județene de Rugby Constanța
Asociației Club Sportiv Şcoala de Fotbal Farul Constanța 2010
Şcolii cu cls.I-VIII Ghindăreşti
Şcolii Speciale nr.1 Constanța
Liceului cu Program Sportiv "Nicolae Rotaru"

VOTEZI PENTRU TINE !

8. SPORT

Rezultate notabile obținute de cluburile constănțene

HCM CONSTANȚA

4 titluri consecutive de campioană națională, 7 titluri în întreaga istorie a clubului.

CS Volei 2004 Tomis Constanța

Titlu de campioana națională în 2011

Club Volei Municipal Tomis Constanța

Titluri de campioană națională în 2007,2008 şi 2009, câştigătoarea Cupei României în edițiile 2008, 2009, 2010.

VOTEZI PENTRU TINE !

ANEXA 9

Fluturaşi împrăştiaţi în zona de nord a municipiului Constanţa în noaptea dinspre 9 spre 10 iunie 2012

Gigi Chiru te invită la vot!

Bahtalo Constanța!

Primarul Constanței, Radu Mazăre, a vizitat mai multe grădinițe pentru
a le împărți copiilor cadouri de Paște. La una dintre grădinițe,
Mazăre a fost surprins că fetițele stăteau într-o parte și băieții
în cealaltă parte. "Când o să mai creșteți o să vă încălecați"
le-a spus Radu Mazăre copiilor noștri

Intreaga poveste la http://bitly.com/K3ai7i

„LUMEA POVEȘTILOR"

Atenție pe cine VOTAȚI ! Avem un singur Tur la dispoziție! Gândiți-vă la copii Noștri !

LA MALUL MARII SE RIDICA O NOUA PUTERE:

PUTEREA CONSTANTENILOR!

LUPTA PENTRU SCHIMBARE!

SALVEAZA CONSTANTA!

)MENTUL SINCERITATII - 10 adevaruri despre GIGI CHIRU

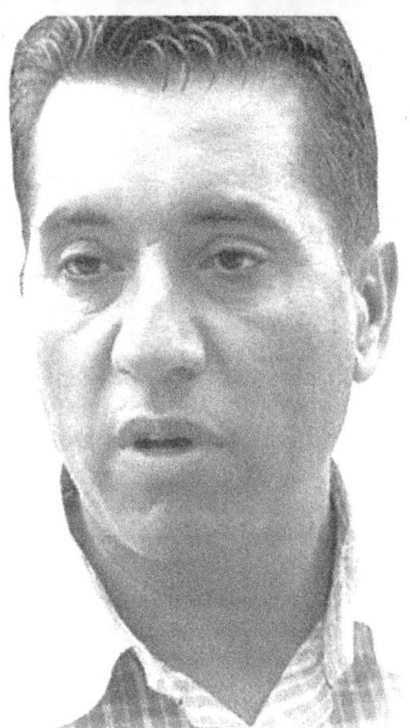

ISTANTENI, voi fi foarte sincer cu voi pentru ca va cer un vot sincer pe 10 Iunie.
ca ma veti vota! Sunt cel mai bun Primar pe care il poate avea Constanta, PENTRU CA:

cuiesc in Eforie si mi-am facut mutatie in Constanta in urma cu 2 luni pentru a candida la Primarie

a mea de culoare albastra este construita pe plaja, peste piscina din tabara de copii din Eforie

n 4 copii cu 2 neveste

nt urmas al lui Emil Racovita si al unei frumoase fete de bulibasa din clanul caldararilor

ia in anul 2020 Constanta poate spera sa devina capitala culturala europeana dar nu este nimic sigur

ma mea SC Rom Tour Impex SRL incaseaza foarte multi bani de la stat, de la Sanatoriul Techirghiol si Directia Judeteana de Tineret si Sport

n luat 2 hectare de la Primaria Eforie pentru a construi un frumos parc de distractii pentru locuitorii din RIE

conduc o masina Porsche Cayenne in valoare de 100.000 de EURO

vasta mea conduce o masina Jaguar de 100.000 de EURO

ata mea conduce o masina Mercedes de 60.000 de Euro si una decapotabila BMW de 40.000 de EURO

ATI GIGI CHIRU !

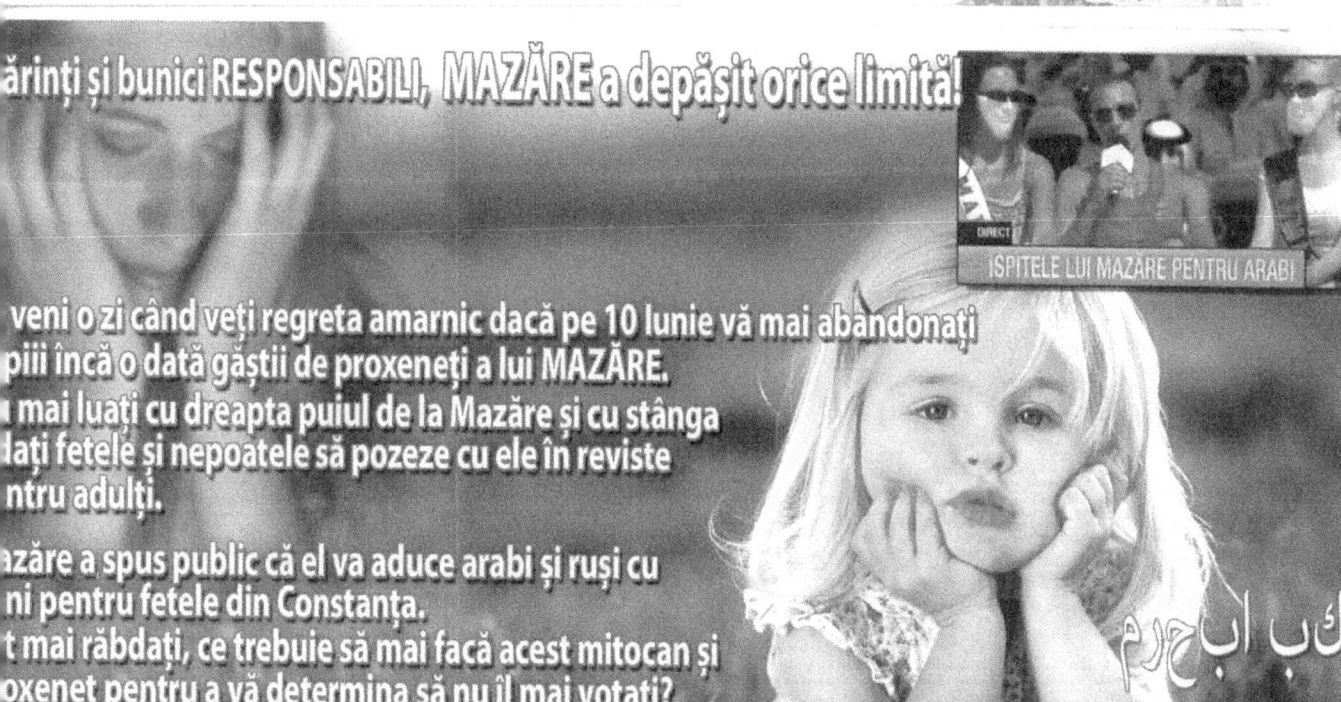

ărinți și bunici RESPONSABILI, MAZĂRE a depășit orice limită!

veni o zi când veți regreta amarnic dacă pe 10 Iunie vă mai abandonați
piii încă o dată găștii de proxeneți a lui MAZĂRE.
mai luați cu dreapta puiul de la Mazăre și cu stânga
lați fetele și nepoatele să pozeze cu ele în reviste
ntru adulți.

azăre a spus public că el va aduce arabi și ruși cu
ni pentru fetele din Constanța.
t mai răbdați, ce trebuie să mai facă acest mitocan și
oxenet pentru a vă determina să nu îl mai votați?

PE 10 IUNIE
VIITORUL CONSTANTEI SI AL COPIILOR NOSTRI
SE AFLA IN MAINILE TALE!

NU-I DEZAMAGI!

LUPTA PENTRU SCHIMBARE!

www.ingramcontent.com/pod-product-compliance
Lightning Source LLC
Chambersburg PA
CBHW080911170526
45158CB00008B/2077